30年后，拿什么养活自己

张宏伟 著

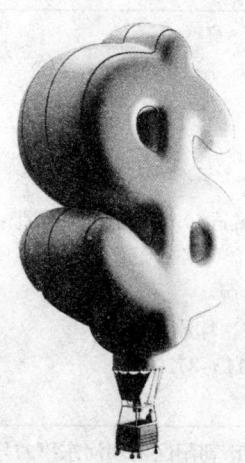

中国华侨出版社
·北京·

图书在版编目(CIP)数据

30年后，拿什么养活自己 / 张宏伟著. —北京：
中国华侨出版社，2023.4
　　ISBN 978-7-5113-8729-5

Ⅰ.①3… Ⅱ.①张… Ⅲ.①私人投资—通俗读物
Ⅳ.①F830.59-49

中国版本图书馆CIP数据核字（2021）第257987号

30年后，拿什么养活自己

著　　者：张宏伟
责任编辑：李胜佳
封面设计：韩　立
美术编辑：盛小云
经　　销：新华书店
开　　本：880mm×1230mm　1/32开　印张：8　字数：170千字
印　　刷：德富泰（唐山）印务有限公司
版　　次：2023年4月第1版
印　　次：2023年4月第1次印刷
书　　号：ISBN 978-7-5113-8729-5
定　　价：38.00元

中国华侨出版社　北京市朝阳区西坝河东里77号楼底商5号　邮编：100028
发 行 部：(010)58815874　　　传　　真：(010)58815857
网　　址：www.oveaschin.com　　E-mail：oveaschin@sina.com

如果发现印装质量问题，影响阅读，请与印刷厂联系调换。

前言
PREFACE

人无远虑，必有近忧。30年转瞬即逝，30年后的生活，你准备好了吗？你是否开始意识到，在享受来自父母关爱与呵护的同时，也承担着对父母不可推卸的责任？你是否已经考虑到，在未来的某一天，你也将为人父、为人母，那个时候，你将如何让自己过得幸福：你准备在退休的时候攒下多少养老钱？在医疗保障方面，你是否做好充分的准备？在规划孩子教育方案的同时，你是否把它们和理财计划相结合？你对自己能够安度晚年生活的把握有多大？对于持续上涨的房价、不断飙升的物价，你准备采取什么样的手段来应对？面对以上种种问题，你是在用多张信用卡拆了东墙补西墙吗？那么你的人生就是在不停地救火。你将所有问题都怪罪于命运？那就难免在自怨自艾中消磨生命。

到底要怎样做，才能现在潇洒自如，30年后也轻松自在呢？赚钱当然重要，但是最重要的不是收入，而是理财的方法！未雨绸缪，30年后也可以依然过着和现在一样的舒适生活，享受幸福的晚年生活。理财应是伴随每个人一生的活动，每个人都应该尽可能做到"我的钱财我做主"。都需要独立面对和处理居住、教育、医疗、养老和保险等问题，所以，管理财富就是管理你的人生，要想30年后的生活有保障，那么从现在开始，就要进行理财。一份真正适合自己的理财规划，可能会使你少经历10年的辛苦，或者收获相当于10年辛苦的财富。

何为理财？如何理财？本书为你指明了方向。理财是为明天的生活存储今天的财富。"30年后拿什么养活自己"是每个人都应该关心的问题。本书结合现实生活中的投资理财案例，说明了理财的重要性，为读者提供了科学的财务规划，并从消费支出、投资理念、理财工具、通胀应对、理财规划等方面进行深入浅出的分析，逐层讲解20~50岁不同年龄段都会遇到的问题和理财战略，并系统介绍了"月光族""北漂族""白领一族""穷忙族"等不同族群的理财要诀，力求帮助读者提前备战，预留出过冬的粮食，有效迎接30年以后的生活挑战。本书厘清了人生中许多令人困惑的东西，"为什么我今天会是这样？！"这是许多人在事情发生之后的疑惑。这本书就是在提醒我们未雨绸缪，无论坦途与崎路，都要有所准备，到时候才能处变不惊。同时它还让我们认识到，投资理财规划越早越轻松，并提醒我们，30年以后的富足生活，不只是理财那么简单，还包括维护好亲友关系、培养个人兴趣，这些都会让未来的生活丰富和充实。

目录
CONTENTS

第一章

30年后，能否遇见富足快活的自己

30年后，你拿什么养活自己 001

晚七年出发，要追赶一辈子 004

从700元到400万元的距离其实并不遥远 007

十年的差距造就不一样的明天 011

不要干坐着等钱 015

善于变通，赢得财富 019

让梦想照进现实 022

第二章

你的财务"健康"吗：为你的现状把把脉

你的财产，你了解多少 026

你的财务"健康"吗 029

财务亚健康的五大症状 034

财富初体检，有效避免自家的财务隐患 037

001

找出造成你资产不断流失的漏洞 041

财富积累中的马太效应 045

生命在于运动，财富在于流动 048

唯有投资，才能让财富健康地成长 052

第三章
30年财务自由之路，不同时期的投资规划

二十多岁，单身期的投资理财规划 055

三十多岁，家庭形成期如何制订投资理财规划 059

四十多岁，步入不惑之年的家庭如何投资理财 063

五十多岁，投资方向转移是重点 067

如何为5万元闲置资金做投资理财计划 070

如何让10万元快速增值 072

50万元是投资楼市还是投资股市 074

第四章
发现你的性格优势，找到自己的财富地盘

了解自己的特长，选择适合自己的投资方式 078

找准"地盘"，量力而行 083

偏好长线的人如何集中财力进行投资 086

投资习惯就是你生存的竞争力 089

偏好短线的投资者 091

冒险型投资者 094

第五章
储蓄大有学问，用 30 年见证复利的力量

摆脱"月光"的命运 098

不做零储蓄一族 101

制订合理的储蓄计划 105

储蓄理财——方向决定命运 108

你了解银行吗 111

如何挖掘储蓄品种的潜力 113

一个存折 vs 多个存折 116

第六章
玩转理财工具，打造永不休息的赚钱机器

养只金"基"下"金"蛋 119

富贵"股"中求 124

第七章
30 年潮起潮落，抓住属于自己的财富机会

瞬间机遇，永恒回报 129

机遇总是留给有准备的人 132
机会更看好有长远眼光的人 136
投资要认准机会成本 138
祸患也可能带来商机 142
立足需求，发现商机 145
抓住热点，做投资的独特创意设计师 148

第八章
省钱是门技术活，别让财富从指间溜走

是谁纵容了财富的流失 153
省钱是一种生活态度 156
管理财富就是管理人生 160
决定财富的是收入还是支出 163
如何应对通货膨胀 166
白领的省钱大法 170

第九章
理财先理债，小心债务压垮你的财富

你的债务就是你的敌人 175
理财先理债 178
巧理财，"负翁"也能变富翁 183

"负翁"怎么买保险 186
支出永远不超过收入 189
聪明贷款有讲究 193
巧用房贷,由房奴变房主 197
信用卡里有大学问 201

第十章

做家庭财富的管理师,筑好守护一生的财务保障

会理财才能当好家 206
认识家庭理财的两大难 212
做好家庭收支预算 215
不可或缺的五张保单 220
AA制家庭理财攻略 225
低收入家庭的理财之道 229
中收入家庭的理财之道 232
高收入家庭的理财之道 236
根据情况决定你的资产分配 240

第一章

30年后，
能否遇见富足快活的自己

30年后，你拿什么养活自己

30年后，你是谁？你在做什么？你是否过上了你想要的生活？你是牵着老伴的手在海南三亚美丽的沙滩上晒太阳，细数往日情怀？还是蜗居在自家狭小的房子中，一日三餐只能粗茶淡饭？

每个人都会慢慢变老，但没有人希望今天的收入比昨天还要少；每个人都希望健康长寿，但是没有人愿意老了后孤苦凄凉。

对大多数人来说，晚年的生活费用主要来自年轻时的积累。如果年轻时挥霍无度，不做理财规划，那么待你晚年不能工作之后，将会穷困潦倒。

很多人的职业生涯还达不到30年，所以，晚年规划更要趁早。

也许有人会说，在中国不用担心老年生活，一是养儿防老，二是有退休金做保障，退休生活一定没有问题。

"养儿防老"这句老话现在已经随时代发展变化了，如果儿女争气不"啃老"，是父母的造化。现在，一、二线城市的一套房子让许多年轻人负担超重变"负翁"。

而养老金也无法负担起你未来的生活。近年来，由于物价的上涨等因素，一些退休老人原有的退休金越来越难以保障生活需要，而高昂的医疗费用更使老年人难以承受。零点公司对北京、上海、广州、武汉等城市的一项调查结果显示，近千户居民中有七成市民会经常或偶尔想到未来养老问题，而四成多的居民则对此有不同程度的担心。同时根据对我国60岁以上老人的生活费调查统计：70%的人需要依赖他人生活；20%的人可以独立生活；只有10%的人能过上自己想过的生活。

你要想晚年生活无忧，在年轻的时候就要未雨绸缪，对未来的财富进行规划。退休生活规划的最重要原则是越早越好，反过来说就是越迟越糟。

如果把人生分为三个阶段：20年学习、30年工作、30年晚年生活，也就是说晚年时间和工作时间是一样的。需要将自己收入的一半用来储蓄，才能保证自己晚年的生活水准和目前相同，而且这还没有将住房、子女教育等费用计算在内，仅仅是单纯的退休生活所必需的费用。

假设你现在30岁，计划在55岁退休，终老年龄80岁。目前城市基本生活费和医疗保险支出的最基本消费是1500元/月，暂考虑4%的通货膨胀率，25年后，要维持目前的生活水平，需要4000元/月。25年的退休生活至少需要4000元/月×12月×25年=120万元，如果加上旅游、休闲支出按月消费最基本的1000元计算，还将增加80万元，总共200万元。200万元只是一个人的费用，夫妻双方费用需求总和保守估计将超过400万元。再加上老年人无法躲避的病痛，未来医疗开支几乎无法预估。养老金的需求可能会变成五六百万元，甚至更高。

你需要在多长的时间里赚够这笔钱？按照上面的假设，假如你从25岁开始工作，工作时间是30~40年，退休生活时间25年，也就是说，在有工作的30~40年内，你必须准备好未来25年的生活基金——400万元。

30岁的你，现在只需每个月投资1000元，30年后，当你60岁时，就可以换来600万！600万，足够夫妻二人挽手乐享夕阳人生！

25年400万！相信这组数据已经足够让你阵脚大乱。其实，你大可不必这么慌张，因为亚洲顶级理财师已经为你想好对策，助你成功跨越穷人与富人、落魄与殷实的分水岭！

有巴西"最后一名花花公子"之称的若热·金莱在他曾经拥有的豪华酒店中病逝，终年88岁。他说过的最有名的一句话是："幸福人生的秘诀，就是在死前花尽钱包里的最后一分钱。不过我算错数，提前把钱花完了。"

时间从来不等人，如果你从看到这本书开始，跟随顶级理财师规划你的财富人生,相信不用30年,10年后,你就可以从容面对人生!

晚七年出发,要追赶一辈子

财富的多寡与理财的早晚有很大的关系。正所谓,"早起的鸟儿有虫吃"。理财开始得越早,财富积累越容易。因此人生当中一定要让理财先行。就像两个参加等距离竞走的人,提早出发的,精神放松,悠然从容,后出发的人就要在后面辛苦地追赶。

有两个年轻人,以定期定额的方式每月投资一样数额的基金,假设他们的回报率相同,李先生从20岁就开始做,张先生从26岁开始做,结果他们财富累积的成效大不相同。

李先生从20岁起每月定期定额投资500元买基金,假设平均年报酬率为10%,他投资7年,也就是26岁后就不再扣款,然后让本金与获利一路成长,到他60岁要退休时,本利和已经达到了162万元。但是张先生从26岁才开始投资,同样每月500元、10%的年报酬率,他整整花了33年持续扣款,到60岁才累积到154万元。相比之下,李先生的早理财,使自己的生活更轻松。

假设李先生在26岁并没有停止投资,而是继续坚持每月

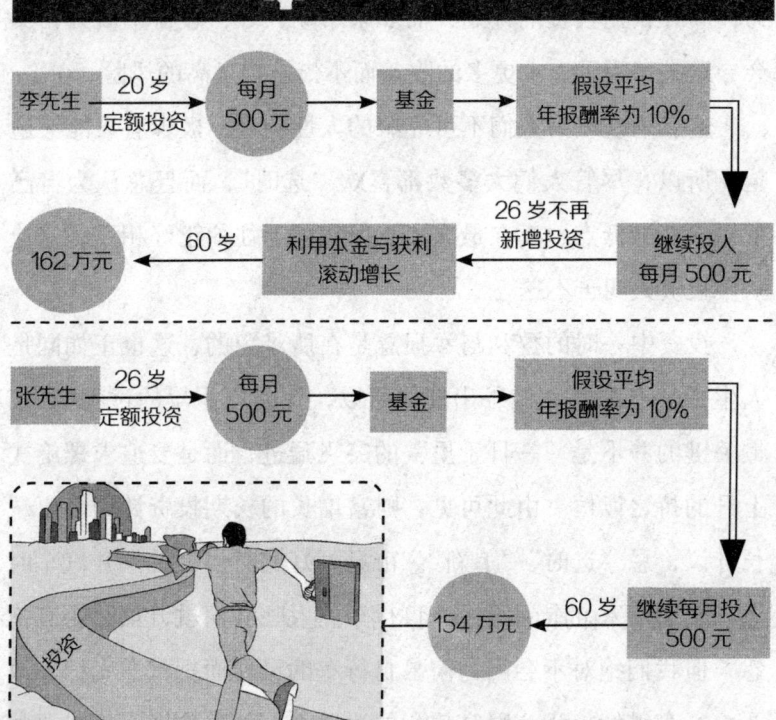

由此可见，投资要趁早，只有当投资遇上时间这个魔法师，财富增长才会变得超乎你的想象。

500元的投资，那么到他60岁的时候，他所积累的财富将高达316万元，几乎相当于张先生的两倍。

但在投资过程中，人们往往会发现，坚持一个长期的投资计划相当不容易。如在股票投资市场中，当股市下跌的时候，投资市场上衰叹声一片，害怕亏钱的心理往往会让人们改变定力，放弃长期投资的计划；而如果市场大好，收益率飙升，又会导致大家为了追求更多的收益而不惜承担过高的风险。

追涨杀跌成为人们不可克服的人性弱点，极少有人能够逾越。所以，尽管人们大多数都喜欢"选时"，而且总认为自己可以买在最低点、卖在最高点，但实际上往往正好相反，这让众多投资人叫苦不迭。

投资中一时的盈利与亏损总是在所难免的，这也正如同是人生中会有高峰和低谷出现。所以，在财富积累的过程当中，最关键的并不是"一日千里"的突飞猛进，而是要追求螺旋式上升的持之以恒。由此可见，财富增长的长期投资计划也要从长计议，忌"选时""追新"。市场不好的时候，就像开汽车时遇到交通堵塞，看到路边骑自行车的人呼啸而过，虽然会有抱怨，但我们绝对不会因为羡慕自行车的灵便而把汽车卖掉，改买自行车继续旅程。财富累积的道路上，如果你认为可以寻找到一条捷径，那就是"即日起程，贵在坚持"。

理财其实很简单，每一个想与财富结缘的人，迟早都要走上理财之路。既然是迟早的事，那为何必不早一步呢？不要说现在没有钱，不要说你没有时间、没有经验。按照以下三个步骤走，你就可以成为理财高手。

1. 攒钱：挣一个花两个一辈子都是穷人。一个月强制拿出10%的钱存在银行或保险公司里，很多人说做不到。那么如果你所在的公司经营不好，总经理要削减开支，给你两个选择，第一是把你开除，补偿两个月工资，第二是把你 3000 元的工资降到 2700 元，你能接受哪个方案？99% 的人都能接受第二个方案。同理，你给自己做个强制储蓄，发下钱后直接将 10% 的钱存入银行、基金或保险公司，不迈出这一步，你就永远钱不够花。

2. 生钱：相比较而言，三个步骤当中就这一步还有点儿"技术含量"，而贫与富的差距也就在这里。世上原本就没有不劳而获的事情，要想舒舒服服地过上有钱人的日子，多动动脑子，学点儿理财知识还是十分必要。

3. 护钱：天有不测风云，谁也不知道会出什么事，所以要给自己买保险，保险是理财的重要手段，但不是全部。生钱就像打一口井，为你的水库注入源源不断的水源，但是光打井还不够，要为水库修个堤坝。

换个思路想想致富这件事，不要再把理财当作一个计划，尽快把它转化为行动吧！

从 700 元到 400 万元的距离其实并不遥远

对于一个家庭来说，增加财富有两种途径：一种途径是通过努力工作来储蓄财富，另一种途径是通过理财积聚财富。而实际上，理财给家庭增加财富的重要性，远远大于单纯地通过工作赚钱。

如果每个月你节余有700元，能用来做什么？下几次馆子？买一双皮鞋？有没有想过，每月投资这700元，就能在退休时拿到400万元。

为什么每月投资700元，退休时能拿到400万元呢？那就是理财发挥的重要作用。假如现年30岁的你，预计在30年后退休，假若从现在开始，每个月用700元进行投资，并将这700元投资于一种（或数种）年回报率15%以上的投资工具，30年后就能达到你的退休目标——400万元。

年龄	年度	每月投资额（元）	各年度投资本金（元）	按每年回报率15%算	总金额（元）
30	1	700	8400	1.15	9660
40	10		170551	1.15	196134
50	20		860526	1.15	989605
55	25		1787461	1.15	2055581
60	30		3651859	1.15	4199638
65	35		7615277	1.15	8757569

从上表可以看出，只要你从30岁开始每月投资700元，30年后，你退休后不会缺钱花，生活将会很舒适。

这就是利用了复利的价值。

复利，就是复合利息，它是指每年的收益还可以产生收益，即俗称的"利滚利"。而投资的最大魅力就在于复利的增长。如果您每个月定期将100元固定地投资于某个基金（即定期定额计划），那么，在基金年平均收益率达到15%的情况下，坚持35年后，您所对应获得的投资收益绝对额就将达到147万元。

复利投资是迈向富人之路的"垫脚石"。有句俗语叫："人两脚，钱四脚"，意思是钱有4只脚，钱追钱，比人追钱快多了。

虽然对于"复利效应"，数据中永远的"15%"是很难实现的，但是"钱生钱"所产生的财富会远远高于我们的预计，这就是金钱的"时间效应"。忽略了这个效应，我们就浪费了资产增值的机会。不明白这个道理，我们就只会在羡慕别人的财富越来越多的同时，看到自己和对比方的差距越来越大。

举个例子：假设你今年20岁，那么你可以有以下选择。

20岁时，每个月投入100元用做投资，60岁时（假设每年有10%的投资回报），你会拥有63万元。

30岁时，每个月投入100元用做投资，60岁时（假设每年有10%的投资回报），你会拥有20万元。

40岁时，每个月投入100元用做投资，60岁时（假设每年有10%的投资回报），你会拥有7.5万元。

50岁时，每个月投入100元用做投资，60岁时（假设每年有10%的投资回报），你会拥有2万元。

也许有人会提出疑问，这么大的差距是怎么产生的呢？很

复利投资，让钱生钱的理财方法

复利，就是复合利息，它是指每年的收益还可以产生收益，即俗称的"利滚利"。而投资的最大魅力就在于复利的增长。

神奇的复利

理财致富是"马拉松竞赛"而非"百米冲刺"，比的是耐力而不是爆发力。事实证明影响未来财富的关键因素，是投资报酬率的高低与时间的长短，而不是资金的多寡。

复利的力量

单利与复利的区别

想象一下，你手里有一张足够大的白纸，现在，你的任务是，一张纸厚度只有0.1毫米，也就是说一万张纸才有1米高。那么，把它折叠52次，它有多高？一台冰箱？一层楼？或者一栋摩天大楼那么高？它的厚度是2.25万亿千米，超过了地球和太阳之间的距离。

折叠52次的高度如此出人意料，但如果仅仅是将52张白纸各折叠一次后放在一起呢？只不过是10.4毫米。这就是复利与单利的区别。

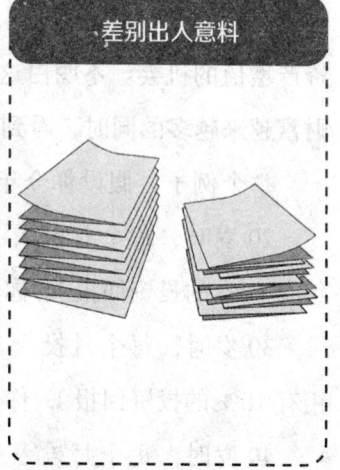

差别出人意料

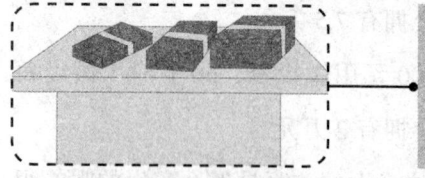

复利就是一变二，二变四，四变八……这种复合的利息滚动，能让财富在时间的见证下，产生奇迹。

简单，差距是时间带来的。

过去，银行的"零存整取"曾经是普通百姓最青睐的一种储蓄工具。每个月定期去银行把自己工资的一部分存起来，过上几年会发现自己还是小有增值。如今，零存整取收益率太低，渐渐失去了吸引力，但是，如果我们把每个月去储蓄一笔钱的习惯换作投资一笔钱呢？结果会发生惊人的改变。

由于资金的时间价值以及复利的作用，投资金额的累计效应非常明显。每月的一笔小额投资，积少成多，小钱也能变大钱。很少有人能够意识到，习惯的影响力竟如此之大，一个好的习惯，可能带给你意想不到的惊喜，甚至会改变你的一生。

定期投资回避了入场时点的选择，对于大多数无法精确掌握进场时点的投资者而言，是一项既简单又有效的中长期投资方法。

如果你乐于理财，并能够长期坚持，每月投资700元，退休拿到400万元绝对不是梦想。通过理财积累财富，贵在坚持。

十年的差距造就不一样的明天

决定我们命运的往往不是环境，而是心态。具有积极心态的人，即使在恶劣的环境中，也能寻找自身的闪光点，为自己铺就一条光明大道。

在一座荒芜的山上，曾经有两块相同的石头，十年后，它们的命运却发生了巨大的变化，一块石头受到很多人的敬仰和膜拜，而另一块石头却无声无息。落寞的石头极不平衡地说道："老兄呀，在十年前，我们同为一座山上的石头，今天产生这么大的差距，我的心里特别痛苦。"另一块石头答道："老兄，你还记得吗？十年前，我们都厌恶了这座荒僻的山，但你认为既然在这个环境里，就只能忍受，而我主动要求雕刻家为我雕塑。这样，我们便产生了现在不同的面貌。"

　　无论什么样的环境当中，都有可能造就成功者，而成功与否的标准并不完全取决于环境本身，而在于人如何自处。有些人怀着积极的心态，努力地为明天的成功而拼搏，这样的环境再"坏"也是好环境；反之，再"好"的环境也无法使一个不努力的人走上成功的道路。

　　由此可见，环境对人确实有一定的影响，而最关键的还是人自身，每天挤出一点点时间，让自己进步一点点，让自己总比别人好一点儿，是走向成功的重要方式。这就要求我们不得不放弃一些诱惑，也许这并不是一件容易的事情，但是，如果想要成功，必然要放弃一些普通人能够享受的人生乐趣。

　　每天进步一点儿的原则，是人生成功的战略指针，无论对精神生活的追求、对物质生活的追求、对事业成功的追求都是如此。我们可以追求短期效应，但目光却应放得更长远些，不要计较一城一池的得失，不要让急功近利蒙住了我们智慧的双眼。

虽然每个人的起点会有所不同，但是大多数人理想的目的地却是相同的，那就是幸福美满的生活。我们生活的理想是为了理想的生活，只有一步步地去经营人生，获得财富，才能最终迈向光明的未来。不同的奋斗，不同的选择，才造就了不一样的明天。

威尔福莱特·康前半生奋斗了40年，成了全世界织布业的巨头之一。尽管事务忙碌，他仍渴望有自己的兴趣爱好。他说："过去我很想画画，但从未学过油画，我曾不敢相信自己花了力气会有多大的收获。可我最后还是决定了，无论做多大牺牲，每天一定要抽出一小时来画画。"

威尔福莱特·康所牺牲的只能是睡眠了。为了保证这一小时不受干扰，唯一的办法是每天清晨5点前就起床，一直画到吃早饭。他说："其实那并不算苦。一旦我决定每天在这一小时里学画，每天清晨这个时候，渴望和追求就会把我唤醒，怎么也不想再睡了。"

他把顶楼改为画室，几年来从不放过早晨的这一小时。后来时间给他的回报是惊人的。他的油画大量地在画展上出现了，他还举办了多次个人画展，其中有几百幅画被高价买走。他把用这一小时作画所得的全部收入作为奖学金，奖励给那些搞艺术的优秀学生。他说："捐赠这点儿钱算不了什么，只是我的一半收获。从画画中我获得了很大的愉快，这是另一半收获。"

恒心和坚持是获得成功的良方,同样也是每一位获得成功与财富的百万富翁的最有力的见证。持之以恒的精神在理财投资领域具有多么重要的价值与意义。

追求财富的路和其他各行各业一样,一定充满各种各样的困难。这些困难会使追求财富的人备受打击。产生失败感、自卑感,甚至因为害怕困难而止步不前,错过赚钱的好时机,而贫困一生。而那些迎难而上的人。都是最终的成功者。百万富翁为什么是百万富翁?他们大多数人能够在理财过程中克服每一个困难。

日本水泥大王、浅野水泥公司的创建者浅野总一郎,23岁时一贫如洗来到东京。因为找不到工作,他每天都处在半饥饿状态之中。正当他走投无路时,东京的炎热天气启发了他。"干脆卖水算了。"于是,他便在路旁摆起了卖甜水的摊子,1分钱1杯。水里加一点儿糖很快就变成钱了。头一天所卖的钱共有6角7分。简单的卖水生意使他积攒了第一笔财富。25岁时,已赚了一笔钱的他开始经营煤炭零售店。

30岁时,浅野总一郎在横滨市长的帮助下设立公厕,汲粪便的权利以每年4000日元的价格卖给别人,两年后设立一家日本最初的人造肥料公司。设立日本最大的水泥公司的资金,是从这些公共厕所的粪便上赚来的。

不过十年,浅野总一郎从一个富士山乡村中出来的穷小子成为日本首屈一指的富人,他的成功和他洞察市场的敏锐眼光以及坚持不懈的努力是分不开的。也许你还不至于像他一开始那样一贫如洗，可能你也有了自己一部分的积蓄，现在就需要从现在开始设定一个适合自己的理财计划，持之以恒地坚持下去，你的未来也会"金光"闪闪。

不要干坐着等钱

一位成功学大师这样评价行动和知识：行动才是力量，知识只是潜在的能量，不积极行动，知识将毫无用处。你是否已经有了理财的想法，却因为各种原因迟迟没有行动起来呢？

生活中，有些人想出去旅游，经过苦思冥想，终于规划好自己要去哪些景点，吃哪些小吃，路线如何，在哪里住宿，但结果往往是连自己的家门也没有跨出去，那些计划也等于废纸一张没有任何用处。一个没有行动去扶持的目标，就像挂在墙上的画一样，永远成不了现实。只有行动才会产生结果，行动是成功的保证。任何伟大的目标、伟大的计划，最终必然落实到行动上。不肯行动的人，只是在做白日梦。这种人不是懒汉，就是害怕挫败，他们终将一事无成。

古希腊格言讲得好："要种树，最好的时间是10年前，其次是现在。"同样，要成为赢家，最好的时间是三年前，其次是现在。再没有别的可能了，剩下的只能是失败。所以，要想挣钱,就必须提早迈出自己的第一步。

20世纪70年代的一天,斯蒂文·乔布斯和斯蒂芬·沃兹尼亚克卖掉了一辆老掉牙的大众牌汽车,得到了1500美元。对于斯蒂文·乔布斯和斯蒂芬·沃兹尼亚克这两个正琢磨开一家公司的人来说,这点儿钱甚至无法支付办公室的租金,而他们所要面对的竞争对手是国际商用计算机公司IBM——一个财大气粗的巨无霸。他们在一个车库里安营扎寨。正是在这样一个条件极差的车库里,苹果电脑诞生了。一个电脑业的巨子迈出了第一步,日后成功地从IBM手里抢走了荣耀和财富。

如果当初这两位青年因为想到很多的困难,而不动手行动,那么恐怕就不会有苹果电脑了。可能每个人都会有很多的想法,有不少的想法可以说是绝妙的,但是这些想法不去付诸实践,永远只是空想而已。没有人会嘲笑一个学步的婴儿,尽管他的蹒跚学步步子趔趄,有时还会摔倒。

我们之所以难以将想法付诸实践,是因为当我们每一次准备搏一搏时,常有一些意外事件使我们停止。例如,资金不够、经济不景气、新婴儿的诞生、对目前工作的一时留恋……种种限制以及许许多多数不完的借口,这些都成为我们一直拖拖拉拉的理由,我们总是等着一切都十全十美的时候再行动,而事实总是会和想象不太相符,于是我们的计划从来没有开始动手的那一天,理想变成了空想。

巴菲特认为最安全的投资策略是:先投资,再等待机会,而不是等待机会再投资。

抱着"船到桥头自然直"、得过且过之心态来投资,是个人投资最普遍的障碍,也是导致大多数人不能致富的主因。许多人对于投资抱着得过且过的态度,随着年纪的增长,眼见别人的财富逐渐快速增长,终于察觉到投资的重要性,此时才开始想投资。但因为时间不够,复利无法发挥功能,懂得投资又如何,为时已晚!

很多年轻人总认为投资是中年人的事,或有钱人的事,到了老年再来进行投资也不迟。但投资能否致富,与金钱的多寡关联性很小,而与时间长短的关联性却相当大。人到了中年面临退休,手中有点儿闲钱,才想到要为自己退休后的经济来源做准备,此时却为时已晚。原因是时间不够长,无法使复利发挥作用,要让小钱变大钱,至少需要二三十年以上的时间。10年左右的时间仍无法使小钱变大钱,可见理财只经过10年的时间是不够的,需要有更长的时间,才有显著的效果。

既然知道投资可以致富,需要投资在高报酬率的资产,并经过漫长时间的复利作用,那么我们应该知道,除充实投资知识及技能外,更重要的就是即时的投资行动,投资活动应越早开始越好,并培养持之以恒、长期等待的耐心。

今天大多数人不能致富的原因,是不知如何运用资金,达到以钱赚钱、以投资致富的目标。这是我们教育上的缺失,我们的学校教育花大量的时间教导学生掌握谋生技能,以便将来能够赚钱生存，但是从不教导学生在赚钱之后如何管钱。大学生训练理财的途径——投资股票，也没被校方充分宣传和教导。面对未来财务主导的时代，缺乏以钱赚钱的正确投资知识，不但将阻碍人们致富的梦想，对企业的财务运作与国家的经济繁荣亦会有所伤害。

不要再以未来价格走势不明确为借口延后你的投资计划，有谁能知道房地产与股票何时开始上涨呢？价格开始起涨前，是没有任何征兆的，也没有人会敲锣打鼓来通知你。对于这种短期无法预测，长期具有高预期报酬率的投资，最安全的投资策略是："先投资，再等待机会，而不是等待机会再投资。"

所以，我们要尽快行动起来，克服做事拖拉的习惯，开始犹豫的时候就告诉自己赶快行动。相信自己的能力，不论是成功还是失败都不至于后悔。不要追求完美，总想等待最佳时机，说不准你的等待就会让你错失良机。

古人说得好："千里之行，始于足下。"某些人在接近人生旅程的尽头，回顾一生时，说："如果我能有不同的做法……如果我能在机会降临时，好好地利用……"这些未能得到满足的生命，只是充塞着数不清的"如果"，他们的生命在真正起步之前就已经结束了。青春没有失败，因为我们还年轻，大胆地尝试，让自己的计划都一个个实现，这才是充实的人生。

善于变通，赢得财富

聪明的犹太商人在经商和处世之中还遵循着另外一条原则，那就是他们绝对不和见闻狭隘、品德卑下的钻石商人来往。因为，与这些人交往不但不会给自己生意带来效益，反而会影响到自己的信誉。结交一些同样学识渊博的商人做生意上的朋友，不但可以互相得益，而且可以提高信誉，使自己的事业立于不败之地。

作为投资者，不仅要有丰富的投资知识，还要不断地学习文化、经济建筑等各方面的知识，因为渊博的知识能够帮助你打开思路，让你的思维变得活跃，头脑灵活有助于你养成变通的习惯。你善于变通吗？应该如何培养善于变通的素养？

善于变通是投资者必备的素养之一，我们必须顺势而为，善于变通。在投资环境变化或者形势变化的时候，我们的投资策略必须改变，否则就会吃亏。

美国经济大萧条时期，整个汽车市场极度萎靡，豪华车市场几乎陷入崩溃。通用汽车公司的凯迪拉克所面临的问题是：究竟是选择彻底停止生产，还是暂时保留这一品牌等待市场行情好转？

在董事会执行委员会开会决定凯迪拉克的命运时，德雷斯塔德特告诉委员会，不管经济是否景气，他有一个方案可以使凯迪拉克在18个月内扭亏为盈。

德雷斯塔德特在各地的服务部发现客户中有很多是黑人精英。他们大多为拳击手、歌星、医生和律师，即使在20世纪30年代经济大萧条时期，也有不错的丰厚收入。他根据自己对凯迪拉克在全国各经销处服务部的观察提出了这一方案。

德雷斯塔德特为争夺市场制定了一项战略：向黑人出售凯迪拉克汽车。

执行委员会接受了这一主张，很快在1934年，凯迪拉克的销售量增加了70%，整个部门也真正实现了收支平衡。

1934年6月，德雷斯塔德特被任命为凯迪拉克部门总经理。他还着手彻底改变豪华汽车的制造方式。他指出："质量的好坏完全体现于设计、加工、检验和服务。低效率根本不等于高质量。"他愿意在设计和道具方面进行大量的投资，更乐意在质量控制和一流服务上花大价钱，而不主张在生产过程本身做过量的投资。一位管理人员回忆道："他告诉我们要关注每一个细节。如果别人制造一个零件只需2美元，为什么我们要用3～4美元呢？"

他的这种理念在推行不到三年的时间内，凯迪拉克的生产成本与通用汽车公司的低档车雪佛兰的造价已经差不多一样了，但销售时仍然维持豪华车的高价位，凯迪拉克很快便成为通用汽车公司内最赢利的品牌。由于神奇般地使凯迪拉克起死回生，德雷斯塔德特在通用汽车公司内部的发展也平步青云。

在投资中变通是一种很重要的素养，变通不仅仅是改变你的思维，而是在改变思维的同时紧紧抓住了赚钱的机会。因此，作为投资者要好好培养这种素养。

在投资理财上，变通处理的方法是很多的，先予后取就是很经典的一种做法，也是很多投资者的一种习惯。

嘉靖四十二年（1563），王海峰离开盐业界荣归故里。王海峰回到故里后，打算建造新居，地基已经量好，只是有座老房子夹在自己的新居房址之中，使得新居的建筑格局非常不协调。这间老房子的主人经营豆腐生意，所居住的房子是他家祖上世代传下来的。主持新居建筑工程的负责人去和这间房子的主人商量，打算买下这座房子，但无论出多高的价钱，这间老房子的主人就是不答应。

负责人非常气愤，回来告诉了王海峰，请王海峰找官府出面惩治老房子的主人。王海峰听后，却淡淡一笑，说道："不必了，你只管先去建造其他三面的房子吧！"遵照王海峰的吩咐，工程便开工了。施工时每天需要大量的豆腐，王海峰让人全部到老房子的主人那里去购买，而且每次都交付现钱。

老房子的主人因此每天忙得不可开交，人手很吃紧，便招人帮工。不久，这家豆腐作坊招的工徒越来越多，房主赚了不少钱，家中的积蓄充盈，制作豆腐的工具也增添了不少。这样一来，那间房子便显得狭小难容。

老房子的主人感谢王海峰对自己的扶助之德，便把祖传房子的房契献给了王海峰。王海峰命人在邻近之处买了一间比原房稍大些的房子送给了老房子的主人作为回报。老房子的主人非常高兴，几天内便迁到新房去住了。

先予后取是投资者惯用的一种投资手段，也是变通处理的最佳方式。培养变通的能力，就要善于学习。只有在学习中丰富自己的学识时，大脑的思维才会更活跃，才更能增强自己的变通力。所以要想培育自己的变通素养，首先要丰富自己的学识。我们在投资中要善于发挥变通力的重要作用，让它为我们带来更多的财富！

让梦想照进现实

也许你是一位都市白领，正在橱窗外轻微地抬头眺望里面华丽的衣服，你很想买。而当你小心翼翼地掀开价码标签时，你只能向售货员投以尴尬的微笑。

也许你是一位普通上班族，公交的拥挤让你时常心生厌恶，看到马路上来回穿梭的汽车，你很想买一辆。而当你每到月底看到自己几近空空的账户时，你只能暗自收起看来有些奢望的想法。

也许你是一位丈夫，还在和妻子过着漂泊不定的生活，看到城市里涌起的高楼大厦，你很想给她一座安定的处所。而当你看到自己银行卡里微薄的积蓄时，你只能藏起这个看来不太现实的渴望。

也许你是一位妈妈,还在为自己正在上高中的孩子的大学学费而发愁,看到孩子周围同学灿烂的笑容,你很想给他富裕无忧的生活。而当你去买菜看到鸡蛋又涨了5角、白菜又涨了3角时,你只能按住干瘪的口袋停止了这个不现实的念想。

也许……

你的梦想其实很简单,只是想可以买得起自己喜欢的衣服,买得起车,买得起房子,给孩子一个未来的希望……梦想总是美好灿烂,却总是被金钱拦住方向。

无数次你暗自感叹:为什么会这样,成为有钱人这么难!你想有钱,可只是一味地凭空想有朝一日成为有钱人,却没有做出一丁点理财的行动,那么梦想就只是一座空中楼阁。尼布勒马曾说过:"伟大的目标如不伴随行动,那也一文不值。"很多时候,有求富的梦想还是不够的,还要有实实在在的理财行动。没有行动,梦想只是白纸一张。

一天,一条小毛虫朝着太阳升起的方向缓慢地爬行着。它在路上遇到了一只蝗虫,蝗虫问它:"你要到哪里去?"

小毛虫一边爬一边回答:"我昨晚做了一个梦,梦见我在大山顶上看到了整个山谷。我喜欢梦中看到的情景,我决定将它变成现实。"

蝗虫很惊讶地说:"你烧糊涂了?你怎么可能到达那个地方。你只是一条小毛虫,对你来说,一块石头就是高山,一个水坑就是大海,一根树干就是无法逾越的障碍。"但小毛虫已经爬远了,根本没有理会蝗虫的话。

小毛虫不停地挪动着小小的躯体。突然,它听到了蜣螂的声音:"你要到哪儿去?"

小毛虫已经开始出汗,它气喘吁吁地说:"我做了一个梦,我想把它变成现实。我梦见自己爬上了山顶,在那里看到了整个山谷。"

蜣螂不禁笑着说:"连拥有健壮腿脚的我,都没有这种狂妄的想法。"小毛虫不理蜣螂的嘲笑,继续前进。

后来,蜘蛛、鼹鼠、青蛙和花朵都以同样的口吻劝小毛虫放弃它最初的打算,但小毛虫始终坚持着向前爬行。终于,小毛虫筋疲力尽,累得快要支持不住了。于是,它决定停下来休息,并用自己仅有的一点力气建成一个休息的小窝——蛹。

最后,小毛虫"死"了。

山谷里,所有的动物都跑来瞻仰小毛虫的遗体。那个蛹仿佛也变成了梦想者的纪念碑。

有一天,动物们再次聚集在这里。突然,大家惊奇地看到,小毛虫贝壳状的蛹开始绽裂,一只美丽的蝴蝶出现在它们面前。

有了理财计划和梦想,就应该迅速有力地实施。坐在原地等待机遇,无异于盼天上掉馅饼。毫不犹豫尽快拿出行动,为梦想的实现创造条件,才是梦想成真的必经之路。有的人确立好理财计划以后，一会儿担心过程太长，怕坚持不下去；一会儿担心任务太难，怕到最后失败。如此前怕狼后怕虎，在彷徨中裹足不前，导致财富机遇从身边溜走，白白浪费了光阴。做出有钱的梦想，有了理财的打算就要像故事里那条坚强而执着的毛毛虫，认定了自己的目标就要坚持不懈地做下去。可能过程很难，但结果一定美妙。

有钱难，赚钱难，很多时候只是因为你不知道如何把握赚钱的时机，不懂得理财的真谛，更不懂得如何切切实实把理财的梦想转化为行动。在这本书中，你既能找到理财行动的动力，具体可行性的理财建议也会令你受益匪浅。当然，一切的经验只是间接的，具体的理财过程还需要你自己根据自己的情况来规划和落实。

有梦想才能有所作为，有行动才能拥有财富。让行动为梦想践行，让财富伴随你我。从今天起开始行动，好好理财，也许明天你就能成为一个富有的人。

第二章
你的财务"健康"吗：
为你的现状把把脉

你的财产，你了解多少

俗话说："没有金刚钻，别揽瓷器活。"这就是提醒我们，在做出决策时切不可忘了自己的"家底"和"本钱"，量体裁衣才能恰到好处。

某电视台曾对国内一家大型的摩托车企业的高层进行了一次专访。该企业进入摩托车行业时间不算短，而且凭借着雄厚的经济实力、完善的制度在业内称得上是首屈一指，其企业的知名度和产品的美誉度，在业内也是名列前茅。但是，就在前几年以前，这家企业的经营状况却是不尽如人意的，产品在一些市场上甚至还卖不过二线品牌。是什么原因导致了这一家大型国有企业在业内竞争实力不足呢？这家企业在进行了一系列的反思后，终于找到了问题的根源所在。

这位企业高层在接受采访时一针见血地说："前几年我们的

产品在市场上的表现不怎么样，我们对此亦深有体会。我们发现最大的问题是我们'忘我'了。什么叫'忘我'？就是我们忘记了自己的身份，忘记了我们姓什么，忘记了我们自己该做什么，不该做什么。简言之，就是忘记了我们的技术和质量优势，忘记了我们在灵活反应速度上的天然劣势。结果，用我们的短处去和同类企业的长处较量，我们是注定要失败的"。

由于缺乏对本企业的真实了解和认识，很可能导致企业在市场上的疲软，从我们个人作为投资者来说，"忘我"也是要不得的。

从这些市场的变动中，我们不难看出，"忘我"就是在"知己"上的一种"失误"，从"不知己"到"知己"，这实际上是作为一个决策者思路转变的一个过程。大到企业的战略决策，小到个人的投资选择，都需遵循"知己知彼，百战不殆"这一军家格言。

很多的投资者在进行决策者之前，对于应该如何制订投资理财的计划，对自身资产及实力并无科学的评估，因此在投资的过程中，或多或少地犯了主观主义的错误，结果会在风险隐患来临之际束手无策，在处理市场复杂多变的情况时，缺乏应对能力。

要想清晰投资理财，必然要先"盘点"自己的资产。对于你的财产，你了解多少？你能在一分钟之内说出你有多少存款，有多少投资，有多少负债吗？相信大多数人都不能。连自己的钱财都不能做到心中有数，又怎么能奢求它会给你带来无尽的财富呢？这就凸显出清点财产的必要性了。

资产情况大体上分为两方面，一为家庭资产情况，一为家庭负债情况。

家庭资产可以根据不同的分类方法划分出不同种类。如可根据财产流动性的大小分为固定资产和流动资产，亦可以根据资产的属性分为金融资产、实物资产、无形资产等。

不过在理财中，可将其做如下划分：

一、固定资产

指在较长时间内会一直拥有的价值较大的资产。如房产、汽车、较长期限的大额定期存款等，一般指实物资产。

二、投资资产

主要指能够带来利息、赢利的投资活动，并需承担一定风险的资产。如股票、基金、债券等。

三、债权资产

指对外享有债权，能够凭此要求债务人提供金钱和服务的资产。

四、保险资产

指用来购买社会保障中各基本保险以及个人另投保的其他商业保险的资产。

五、个人使用的资产

指个人日常生活中经常使用的家具、家电、运动器械、通信工具等价值较小的资产。

家庭负债根据时间的长短，可分为长期负债和短期负债。

一、短期负债

指一年之内应偿还的债务。

二、长期负债

一般指一年以上要偿还的债务。具体说，这些债务包括贷款、所欠税款、个人债务等。

在了解了家庭资产和家庭负债的基本情况后，请对自己的资产状况做一下对比评估。如果目前你的家庭资产和家庭负债基本能保持平衡或者略有盈余，表明你的资产情况良好。若负债大于家庭资产，则表示你的资产情况有问题，应及时予以调整，尽量将负债控制在自己可掌控的范围内。

通常来说，家庭的资产情况要讲求平衡，完全是资产而没有负债是最理想的状态，而完全都是负债，却没什么资产这是非常危险的。只有在平衡或者略有盈余后，家庭资产情况才能呈现出最佳状态。

你的财务"健康"吗

要想成为一个富人，你的一些思维或行动就要向富人看齐。在富人的理财观念里，第一项就是财务要独立。倘若你连财务都不能独立，那么你想致富就是空中楼阁。没有一个稳固的经济基础，你怎么可能一步步实现自己的梦想，并建立起自己的财富王国呢？

让我们先来做一个小测试。

1. 你是否能够完全靠自己的收入养活自己？
2. 你现在还有未还清的负债吗？
3. 你的信用卡透支了吗？
4. 如果出现紧急情况，你自己能应付得了吗？或者是否有应对措施？
5. 你是否拥有一定数量的稳定的投资收入？

如果你的答案是能靠自己的收入来养活自己；身上也没有负债；信用卡未透支；为了应付紧急突发事件，你为自己买了相应的保险或者留存了备用的存款；手头还有一定数量稳定的投资收入。那么恭喜你，你的财务才刚刚步入了第一步的独立阶段。但如果有一条不符合，你都不能算是财务独立，你的生活仍可能会因为一些意想不到的事件而被搞得一团糟。因此，就算是降低现在的生活水平，也要满足这些最基本的条件，这样你的致富计划才能顺利展开。

当你的财务独立以后，下一步就应该定期地为自己的财务状况进行一下健康检查，以确定你的财务是否处于健康的状态，你的财务是否已经拉响了警报。所以，现在就对你的财务进行一下体检吧。

如何使财富保持健康

风险管理

要做家庭状况风险评估，找出造成财务重大隐患的原因，再利用风险管理工具进行有效控制，达到家庭、个人和财务的最终安全。

退休管理

要做好退休金规划。选择稳健的投资工具，细水长流地积累养老基金，确保自己退休后的生活质量。

财富管理

要明确财富管理的目标。可以根据将来资金使用的目的、时间和自己的风险承受能力，选择不同的投资工具，进行合理的配置。

其一，你的个人基本情况，比如个人的年龄，从事的职业，身体的健康状况，有哪些家庭成员，以及家庭成员的年龄、职业、健康如何。

其二，你的财务状况，比如本人和家庭成员的收入，生活支出和各项费用如何？生活水平如何？生活中有没有负债？有没有潜在的金钱隐患？你用了多少钱去进行风险投资？你是否有相当于至少两个月生活费的备用资金？

现在，请你应将答案写在纸上，再自我评估一下，看看是否对自己的答案满意。如果你的家庭收入稳定，没有债务，没有金钱隐患，且成员都身体健康，更没负担过多的风险投资，可以说，你的财务总体上是健康的。如果你觉得答案并不乐观，那就要注意了。家庭的财务健康对每个家庭来说也同样重要，家庭的财务健康与否直接影响着家庭的正常生活与生活品质状况。

在现实生活中怎样科学地判断一个人家庭的财务是否健康呢？我们通过对以下几个步骤来进行分析，就可以科学精确地为你的财务状况做一次诊断，一旦发现问题，必须尽快想办法解决。

第一，列出你的资产负债项目。你需要将所有的资产情况一一列出来。这些资产主要包括你所购买的股票、证券、贵金属、个人账户中的定期存单、储蓄存款等。当然你还可以列出你所拥有的其他财产，如珠宝、古董、字画等。但是注意不要把你的住房、汽车和任何一样生活必需的财产计算在其中，因为这些都是你不可放弃的。在建立了资产列表以后，接下来你需要列出一个负债列表，这张表格里面主要包括信用卡透支金额、住房贷款、汽车贷款、个人债务等。

第二，明确你现在可以支配的财富。知道你的资产负债情况后，用总资产减去总负债额度就得到了你现在所拥有的净资产。净资产就是你所拥有的净财富。如果你的净资产是小于0的，则说明你目前的财务状况是资不抵债的，你的财务已经陷入了严重危机；反之，如果你的净资产是大于0，则说明你目前处于资产超过负债的状态，但是如果净资产的数字较小的话，你的财务随时都有可能出现问题。这就提醒你要尽快采取措施改变目前的财务状况。

第三，列出你的日常收支清单。这些收入项目主要包括工资收入、投资股票、基金等金融产品获得的收入和劳务报酬，以及存款的利息收入等。同时将你的支出情况一一列出来，在这里建议你详细列出支出项目，它会使你更加清楚地了解到你的每一笔钱都流向了哪里。

第四，算算你有多少现金盈余。根据上面做的列表，你就可以计算出自己的现金盈余状况。如果你的现金盈余是负数或者是0，说明你的日常花费支出相对比较大，没有什么积蓄可供支配，如果任其发展，你的财务即将出现"入不敷出"的状况。这种情况之下，你就必须要适当减少开销了。如果你的现金盈余大于0，那意味着你目前的财务处于现金盈余的良好状态，你要好好利用和管理好它了。

除此之外，在不同的人生阶段你还要考虑到许多不同的问题。比如：结婚计划、购房计划、子女教育计划、老人的赡养计划、自己的退休计划等，在把这些计划增加到你的财务报表之后，你的财务还健康吗？

忙碌了一生，绝对不能忘了给自己一个安稳的后半生。这是人生最后一段路，如果没有良好的规划，可能会使你未来的路走得很艰辛。

综合的评估之后，看看自己的财务健康吗？若得到的回答是肯定的，那么恭喜你，你的财务通过了全面的测试，可以确定为健康了。若相反，你就要当心——危机可能随时会光临。因为，保持财务的健康是你的"理财之本"。

财务亚健康的五大症状

近些年来，人们的理财意识正逐步增强，理财积极性在渐渐增长，但是整体财富管理水平还处于一个需要提升的状态。换言之，中国广大人群及其家庭的财富状况呈现出一种亚健康趋势。

小陆是个不折不扣的穷忙族。在过街天桥上买15元钱一件的T恤，顿顿盒饭解决，一根烟不抽到最后一口坚决不扔掉……孤身在广州打拼了好几年，月收入过8000元的小陆，怎么也想不明白，已经而立之年的自己为什么还在"月光族"的大军中无法突围。

"毕业的时候只有两千元不到的月薪，现在虽然工资高了很多，可是日子过得和以前没啥区别呀，人家都买车买楼了，我连信用卡都没敢申请。"一毕业就考上了公务员，几年前转行，因为发现"公务员的钱没外面说的那么多"，进了一个网站做编辑，几年下来已是中层管理人员。

每个月房租1600元，父母赡养费1500元，老婆孩子的家用2000元，剩下的钱只够吃饭和抽烟，偶尔和朋友吃饭应酬。

和小陆一样拿着好几千元月薪，但财务却处在令人担忧的亚健康状态的人并不在少数。经济压力让越来越多的年轻人感到焦虑，工作对他们来说变得比以前更重要，因为一旦没了工作，下个月就该为如何生活发愁，他们开始变得谨慎，希望安稳，不轻易辞职。财富亚健康状态在中国城市居民中普遍存在，甚至已经是大多数都市白领们的真实生活写照。

财富的亚健康直接关系到人们的家庭生活和未来的发展，不容忽视，财富的亚健康具有以下五大典型"症状"。

一、被负债压得喘不过气来

30%以上的人生活在高负债比率的重压之下，这使他们的生活质量严重下降。这一类族群就是眼下辛劳的"房奴""车奴"们。

如果盲目地追求房子、车子的一步到位,而超过家庭实际支付能力去盲目贷款,则会严重影响家庭生活质量,严重的会造成家庭的经济瘫痪。

二、没有工资没法活

收入单一靠工资,财务自由度低下。此种亚健康状态是隐性的,工作稳定时不会有所影响,但是一旦特殊状况发生,收入中断,其个人和家庭都很可能会因为没有资金来源陷入经济瘫痪状态。

三、不知道怎么投资

这可以说是投资中最大的潜在问题。人们的投资比例不是过低就是过高。受访者中该比例处于合适值域的仅占34%,甚至有43%的人群该比例不足10%。而大多数人(87%)只是简单地抱着"赚钱"的想法投资,并没有清晰的理财目标。净投资资产与净资产比越高,说明家庭的投资越大,可能得到回报率越高。

四、保障与我无关

数据显示,家庭保障不健康的将近占到被调查人群的50%,其保费支出比例低于10%。家庭保障不足是家庭理财常见误区之一。保险是在意外情况发生后维持家人生活水平的保证。由于对于理财的认识不足,和中国国内个人财富管理行业的不成熟,使得部分理财规划没有针对性和服务性,再加上很多人由于信息误导而感觉理财效果不如预期,从而产生了抵触情绪。

五、没有足够的钱可以理

被调查者大部分都表示,自己其实很有理财观念,只是没有钱可以理。其实这就是一种亚健康状态,没钱可理,那等到退休了花什么?只靠社保养老金预计会让你的生活质量急转直下。

财富亚健康并不会影响到"患者"的日常生活,但会悄无声息地、逐渐地损害掉财富和生活质量,长期处于财富亚健康则会影响个人的生活水准。现实中的情况是:财富亚健康人群在巨大的还款压力之下,造成的失业恐惧、社交恐惧等心理压力过大,长期下去必然会导致"精神紧张",进而还会带来身体的亚健康。如果大多数年轻人始终生活在这样的状况之下,久而久之将会引发严峻的社会问题。

财富初体检,有效避免自家的财务隐患

健康体检每个人都很熟悉,其目的是及时发现身体健康存在的问题与隐患,及时做出治疗,避免疾病进一步恶化,保证身体健康。但是理财体检你做过没有?理财体检是相对于健康体检而言的,理财体检即是对家庭财务进行诊断,发现日常家

庭理财过程中存在的误区与隐患。这些隐藏的隐患如果不及时发现，易造成累积爆发，影响正常的家庭生活。只有及时发现并消除理财隐患，你的家庭财务才能处于安全的状态，才能更好地应对危机。下面的几种方法可以帮助你有效地避免家庭的财务隐患。

一、节流为本

社会发展日益加快，不期而至的世界，金融危机或各类突发事件或天灾人祸等可能给各阶层家庭带来收入减少甚至中断。在这种情况下，为了更好地应对危机，"节流"是十分必要的。节流需要从一支笔一本账本开始——记账是控制自己消费欲望的一个好方法。可以将每月的消费支出分为基本生活支出、必要生活支出和额外生活支出三个项目。养成每日记账的好习惯，到了月底翻开账本看看哪些是必须购买的，哪些是可以不用购买的，这样做有助于减少不必要的开销，节约消费支出。

二、强制储蓄，积攒资本

现在年轻人易于接受新事物，没有储蓄观念，崇尚超前消费，平时消费是大手大脚，衣食住行更是讲求品位时尚，这是因为月月有工资收入作为支撑。然而，危机爆发后，衣食无忧可能成为历史，工作已不再是铁饭碗，下一个被裁的可能就是你。所以，应该及时进行强制储蓄，为未来随时可能出现的变数积攒必要的资本。所谓强制储蓄，是指必须进行的储蓄，不管发生什么情况，每月都要攒出一定数目的资金。强制储蓄，可以有效积累财富，越早开始储蓄投资，存的金额越多，就越容易提早累积到一笔资产。另外，基金的定期定投也是一种不错的选择。在频频的金融危机面前，为自己积攒一笔备用金是很有必要的。

三、适当加大流动性

流动性是衡量家庭财务变现能力的一项指标，通过流动比率来计算。流动比率是家庭资产中能迅速变现而不受损失或不需支付费用的那部分资产（比如现金、活期存款、货币市场基金）与每月支出的比例，一般认为3～6倍是合理水平。如果一个家庭的流动比率为3～6倍，说明这个家庭为以后的生活准备了3～6个月的应急备用金，即使在没有收入来源的情况下也可应付3～6个月的开销。然而，金融危机背景下，多少家庭的收入来源随时都可能发生中断，所以流动性可适当加大，有条件的话，预留7～9个月的应急备用金比较合适。

四、保险避免"财务裸奔"

中国多数家庭容易忽略保险的重要性。如果家庭突然发生意外，巨额医疗费用的支出或将给家庭财务造成沉重的负担。没有保险就等于财务上的"裸奔"，任何一个家庭都需要足够的保险来保护家人与财富。建议家庭应购买一定数量的保险，在品种选择上可以偏向于保费较低的意外险。那么一个家庭应该买多少保险？一般来讲，一个家庭的保费支出占家庭年收入的5%~10%是比较合理的，不同家庭需要根据自身的实际情况或在保险规划师的指导下进行调整。

五、调整结构，合理预期收益

一个家庭进行投资理财，首先应搞清自身的风险承受能力。在进行投资之前，必须进行风险偏好测试，根据测试结果明确自己的投资风格和特点，选择合适的产品和投资金额。金融危机来临时，全球经济大多会出现不同程度下滑，理财市场同样不景气。所以，做投资理财时应适当降低自己的投资预期，调整投资组合的风险水平，降低高风险投资品种的持有比例，适当加大固定收益类产品如国债、债券型基金等的投资比例。另外，需要树立正确的理财理念，做一个长期的投资者，而不是一个短期投机者。

六、多充电，为开源做准备

随着金融危机向实体经济的蔓延，中国的就业形式也会受到了很大的冲击。一些企业裁员、减薪，甚至倒闭，一面是企业所提供的工作岗位在不断减少，另一面却是越来越多的应届毕业生涌向就业市场。金融危机的到来可能打消了很多人寻求更好工作机会的念头，专家提醒，与其担心自己能不能找到一份待遇更好的工作，不如静下心来好好学习，趁此机会多多"充电"，为"开源"做准备。毕竟，知识是永不"缩水"的财富。

以上几点，虽不能百分之百保证每个家庭不受金融危机的影响，但可以有效防范金融危机进一步恶化。金融危机的影响可能会延续 2～3 年，要及时发现家庭财务隐患并及时调整资产配置，还要不断提升自身知识水平，做到"内外兼修"，危机极有可能转化为理财的良机。

找出造成你资产不断流失的漏洞

开始理财的时候，犯错总是难免的，即便是最成功的富翁也会告诉你，他也曾经做过很愚蠢的事情。但是，既然是错误，就需要指出和改正，否则它极有可能让你的资产不断流失。

米娜有一份很稳定的工作，薪金每月大约 3 万元。由于工资相对来说较丰厚，她觉得生活也应该小资一些。所以包包、套装、靴子、饰品买了一大堆，把自己从里到外都包装一番。没事就和朋友在品牌店五天一小聚，半月一大聚。时尚杂志没少买，潮流没少跟。没到月底，她的钱基本上花光，是真正的"月光"一族。

米娜的不理智消费造成了资产的严重流失，你有没有犯米娜这样的错误以致造成资产流失呢？最好现在就回顾自己的理财往事，找出造成资产不断流失的漏洞。以下就是你必须防范的几类错误。

应如何防止资产流失？

在生活中，即便是有理财规划，但若没有学会防止资产流失的话，财富也会不知不觉地溜走。下面让我们来看下个人怎样防止财产流失吧。

妈，这些钱你帮我攒起来吧，年底我用这笔钱买只基金。

集中财富

财富会因为过度分散而起不到真正的聚集增值效应，只有集中才能为自己带来更多的收益。

合理使用信用卡

要合理刷卡，按时还款，避免自己成为卡奴，切忌使用信用卡过度消费，否则会让你的钱财越理越少。

又要还款了。

我不能只听他说，还要再仔细考察下这个项目的风险……

慎重投资

投资有一定的风险，投资者需学会把控风险，把控投资风险就能规避资产流失问题。

一、支出上的错误

理财一般包括两个方面，开源和节流。开源指扩大收入来源，除自己的工资之外，主要就是投资收入，节流则指节约支出。这里先说支出上的错误。

1. 没有理财规划，盲目支出

也许你从来不记账，从来不想钱花光了之后该怎么办。但没有规划，胡乱地支出，会让你的生活变得很糟糕。与其那样，不如整理一下，拿出笔纸，开始自己的理财之旅。

2. 不理性消费

你是不是眼红同事那身漂亮衣服？是不是还惦记着要买件名牌服装好在朋友同事面前卖弄一下？是不是只去够档次的餐厅？是不是一看到大降价就买个不停？是不是积攒了一堆的便宜却不实用的衣服？赶快拿计算器好好算算吧，你多花了多少没必要花的钱。

二、投资上的错误

1. 没有投资战略

这里也包括那些根本没想过要有投资战略的人。股市如同没有硝烟的战场，事前没个"战斗计划"，能赢吗？输得最惨的人往往就是那些没准备好就冲入股市的人！

2. 投资过于集中

集中投资的确能让你快速致富的可能性增加，但是过于集中，恐怕就有负面的效应了。正所谓，物极必反，如果投资单一，还是重新考虑下投资组合吧。

3. 借钱炒股

很多人看到股市有利可图，为了能挣大钱，不惜冒着巨大风险去借钱炒股。这是愚蠢无比的举动！请切记股神巴菲特说过的这句话——借钱炒股，这是自取灭亡的最佳途径。

4. 频繁交易

请不要在证券市场上过于频繁地买进卖出，那将在无意识中损失一大笔财产，不信你可以核对一下，盈利在扣除了交付手续费后，还能剩下多少？

5. 按照"内部消息"和"可靠人士的指点"行事

与其信从那些小道消息和某某专家，还不如自己多花点时间去研究所要投资的股票来得可靠。

三、心态上的错误

理财不光要投入一定的精力，还要有良好的心态，否则很可能失去到手的发财机会。

1. 没空理财

懒人的借口总是很多，没空理财却有时间在没钱可用时后悔。

2. 只求稳定

有的人认为利息稳定的银行才是最安全的地方。但是银行并不能为钱保值，你的财富很可能因为通货膨胀而无形贬值。

3. 没有耐心，贪图速成

这些都是在理财过程中，你可能会犯的各种错误，倘若你发现在你身上某些错误仍然存在着，就应立即改正。如果你仍放纵它们，那就不要怪你的钱不为你留下来了。

经营自己的财富要花一辈子的时间，理财并不是一朝一夕就可以完成的事情。如果没有耐心，想着财富能像"快餐"一样可以速成，那么你早晚会掉进财富的风险陷阱里。每天坚持把自己的每一笔支出记在本子上，晚上睡觉之前花两分钟的时间看看账本，看看自己所有的花费之中哪些是可有可无的，把它们标记出来，这样有助于你在日后遇上同类的消费项目的时候多考虑一分钟，这样你就可以有效地避免漏洞带来的资产亚健康。

财富积累中的马太效应

股市跟人一样，也随着群体而动。因此要想财富在积累中像滚雪球一样地增长，读懂现实中钱生钱的马太效应是尤其重要的。这样可以为你的投资增加获胜的筹码。

一位富人将要远行去国外，临走之前，他将仆人们叫到一起，并把财产委托给他们保管。主人根据每个人的才干，给了第一个仆人五个塔伦特（古罗马货币单位），第二个仆人两个塔伦特，第三个仆人一个塔伦特。拿到五个塔伦特的仆人把它用于经商,并且赚到了五个塔伦特;拿到两个塔伦特的仆人也赚到了两个塔伦特;但拿到一个塔伦特的仆人却把主人的钱埋到了土里。过了很长一段时间,主人回来了。拿到五个塔伦特的仆人带着另外五个塔伦特来见主人,他对自己的主人说:"主人,你交给我五个塔伦特,请看,我又赚了五个。""做得好!你是一个对很多事情充满自信的人,我会让你掌管更多的事情。现在就去享受你的土地吧。"拿到两个塔伦特的仆人带着他另外两个塔伦特来了,他对主人说:"主人,你交给我两个塔伦特,请看,我又赚了两个。"主人说:"做得好!你是一个对一些事情充满自信的人,我会让你掌管很多事情。现在就去享受你的土地吧。"最后,拿到一个塔伦特的仆人来了,他说:"主人,我知道你想成为一个强人,收获没有播种的土地。我很害怕,于是就把钱埋在了地下。看那里,埋着你的钱。"主人斥责他说:"又懒又缺德的人,你既然知道我想收获没有播种的土地,那么你就应该把钱存在银行,等我回来后连本带利还给我。"说着转身对其他仆人说:"夺下他的一个塔伦特,交给那个赚了五个塔伦特的人。""可是他已经拥有十个塔伦特了。""凡是有的,还要给他,使他富足;但凡没有的,连他所有的,也要夺去。"

这个故事出于《新约·马太福音》。20世纪60年代,知名社会学家罗伯特·莫顿首次将"贫者越贫,富者越富"的现象归纳为马太效应。

随着社会的发展，马太效应适用的领域越来越广泛。经济学规律告诉我们，财富的增减有时候是以几何的形式呈现。每一个有志于扩张财富的人，都应掌握财富增长的规律，去实现自己的计划。

仔细留意一下，我们生活中的理财也存在"马太效应"。

C和D大学毕业后一同分到了某广告公司做文案创意人员。两人有着同样的学历，收入也不相上下，但两个人对理财的认识和理解却大相径庭。C的理财思路比较活跃。前些年股市红火，C利用自己了解网络的优势，购买了许多股票分析软件，天天热心于K线的研究，并把平时积攒的5万元钱全部投到了股市中。不到两年的时间，他的股票市值就涨到了8万元。后来，他觉得股市波动太大，各种技术数据也显示风险即将降临，C便果断地进行了平仓。没过多久，C居住的小区附近正好开发了一条商业街，由于当时股市红火，所以房市冷清，最后房产商不得不将现房降价销售，于是，C便用这8万元并贷款5万元购买了一套沿街的小型商业房。没想到2年之后，他的沿街房升值到了50万元。后来，C见当地房产价格已经见顶，于是又立即将房产出手，稳稳赚到了37万元。C用20万元购买了某开放式基金，结果两年多的时间又实现了15%的盈利，为C又带来了几万元的收入，C贷款购买了一套商品房和一辆QQ小轿车，悉心经营下的小日子过得有声有色，让人羡慕不已。

与C不同，D的理财思路却十分保守。刚毕业头两年，他的积蓄和C不相上下。为了保险起见，D一直把积蓄存入银行，希望每年可以坐收利息。可他却忽略掉了货币贬值、物价飞涨的重要因素，银行定期1年期储蓄的年利率为2.25%，扣除20%利息税，实际存款利率只有1.8%，以年均CPI（消费者物价指数）为4%计算，1年期存款的实际利率为1.8%-4%＝-2.2%，也就是说D的积蓄在不断"负增长"。他的钱在无形当中，每年被通货膨胀蒸发掉了许多。在短短的几年，D经过一番辛苦工作，非但没有生活得更富裕，反倒成了单位里的"穷人"，别说买车购房，就是日益猛涨的房屋租金，对于D来说，都是一个不小的压力。

利率这只"看不见的手"如同一把双刃剑，它让不善理财者饱尝通胀带来的苦果，辛辛苦苦积攒的财富非但没有增值反而不断缩水贬值。而另一方面，善于理财的人却可以通过投资，游刃有余地实现钱滚钱利滚利的传奇。

不要让你的财富陷入负增长的不健康循环中去，善理财者会更富有，而不懂得运作金钱赚钱的人会日益贫穷。

生命在于运动，财富在于流动

一位理财学者曾这样说过："认为储蓄是生活安定的保障，储蓄越多，则在心理上的安全保障的程度就越高，如此累积下去,就永远不会得到满足,这样,岂不是把有用的钱全部束之高阁,使自己赚大钱的才能得不到发挥吗?再说,哪有省吃俭用一辈子,在银行存了一生的钱,光靠利滚利而成为世界上有名的富翁的?"

不少人认为钱存在银行能赚取利息,能享受到复利,这样就算是对金钱有了妥善的安排,已经尽到了理财的责任。诚然,财富的积累需要储蓄,但如果一直储蓄,不思投资,那么钱就成为死钱。事实上,利息在通货膨胀的侵蚀下,实质报酬率接近于零,钱存在银行等于没有理财。财富如果闲置了,就等于零,并且还要支付一定的"折旧费"。

最好的方法就是让钱动起来。你虽然不会为没钱生活而忧虑,但你也永远不能成为亿万富翁。高财商的人往往不会把钱存进银行,钱就像水一样,只有流动起来,才能创造更多的价值。

每一个人最后能拥有多少财富,是难以预料的事情,唯一可以确定的是,将钱存在银行只能保证生活安定,而想致富,比登天还难。将自己所有的钱都存在银行的人,到了年老时不但不能致富,常常连财务自主的水平都无法达到,这种事例在现实生活中并不少见。选择以银行存款作为理财方式的人,无非是让自己有一个很好的保障,但事实上,把钱长期存在银行里是最危险的理财方式。

一次,卡耐基的邻居——一名老妇人把卡耐基叫到她的家中,央求他为自己办点事。

卡耐基说:"老人家,您有什么需要我帮助的,尽管说吧!"

老妇人说:"卡耐基先生,我知道,你是一个诚实的好人,我信任你。请你进来吧,跟我过来。"

她掏出钥匙,打开卧室的门。这间卧室简直就是一间密室,没有窗,只有一个窄窄的窗洞,门也很厚,关得严严实实的。

卡耐基随着老人进到这间密室,不知道这神秘莫测的老妇人要做什么。

老妇人锁上卧室的门,弯腰从床底下拖出一只皮箱。开了皮箱的锁,掀开盖子。

卡耐基定睛一看,满满一箱崭新的钞票!

"卡耐基先生,"老妇人说,"这是我先生留给我的钱,一共10万美元,全是50元一张的钞票,一共应该是2000张。可是,我昨天数来数去,就只有1999张。是我人老了,没数对呢,还是真的少了1张呢?如果是真的少了1张,那就奇怪了,我从来没有拿出过1张钞票。卡耐基先生,我请你来,是想请你帮我数一数。谁都不知道我私下藏了10万美元,我相信你,所以请你来帮我这个忙……"

卡耐基感到非常惊诧。

忙了老半天,钞票终于数完了,正好是2000张,10万美元。老妇人高兴得像个小姑娘似的跳了起来。

卡耐基抹了抹额头上的汗，说："老人家，您这么一大笔钱，为什么不存到银行呢？存起来的话，每年的利息都不下1万美元呢！"

老妇人沉默不答。

"像这样放在家里，反而让您提心吊胆，"卡耐基继续给她做思想工作，"如果存到银行里，不必担心会少了一张或几张，既安全，又有利息。"

老妇人心动了："那就委托你去给我存上吧！"

等到卡耐基把存款单给老妇人拿回来，老妇人把存款单凑到眼前仔仔细细地看，见那上面有一行字。

"这一张小字条就是10万美元吗？10万美元，一整箱崭新的钞票就这么一张小字条吗？"老妇人嘀咕着。

没过两天，老妇人又把卡耐基请了过去。她拿着那张存款单说："卡耐基先生，就这么一张轻飘飘的字条，我心里怎么也不踏实。这不会是骗局吧？"老妇人紧接着说："唉，卡耐基先生，我真的是放心不下。我看不到我的钱，就觉得好像没有了似的。不瞒你说，以前我每天都要把那10万美元现钞数上一遍的。两天没数我的钱了，我都手痒难耐啦！卡耐基先生，再劳驾你一次，你马上就去银行把现款给我取出来吧！"

卡耐基无可奈何，只好照办了。

一位成功的企业家曾对资金做过生动的比喻："资金对于企业如同血液对于人体，血液循环欠佳导致人体机制失调，资金运转不灵造成经营不善。如何保持充分的资金并灵活运用,是经营者不能不注意的事。"这话既显示出这位企业家的高财商,又说明了资金运动加速致富的深刻道理。

从经济学的角度看,资金的生命就在于运动。资金只有在进行商品交换时才产生价值,只有在周转中才产生价值。不周转,不仅不可能增值,而且还失去了存在的价值。如果把资金作为资本,合理地加以利用,那就会赚取更多的钱。当然从事经营,风险是时刻存在的。古人讲:"福兮祸所伏,祸兮福所倚。"赢利是与风险并存的。

把钱投资在不同的地方,在金钱的滚动中,在资本的运动中,充分发挥你的才智,开启你的财商,你就可能成为新的富豪。

唯有投资,才能让财富健康地成长

很多人相信努力工作能够致富,这并不是一种错误的想法。如果努力工作,而所得又足够多,确实可以致富。但现实并非如此,很多人工作之后才发现,工资永远那么少,除了基本生活开支,剩下不值一提。不用说诸如汽车、房子等奢侈消费品无法企及,就是那些稍贵一些的东西,在购买时,也会让人舍不得掏腰包。

每一个人都是自己的投资家，你的投资将决定你的一生。

拥有致富欲望的人，他的终极目标不是成为一个雇员，通过努力工作来实现生存与发展，而是创建自己的事业，从自己的事业中获得生存与发展，获得更多的财富。他们在学习或为别人工作中，始终都在为自己投资，这些投资不是简单意义上的投资，还包括对自己的财商教育。如果你现在还没有为自己投资过，不管你是在学习还是在为别人工作，从今天开始，拿出一部分时间、精力和金钱开始为自己投资吧。每天投资一点，你会真正感觉到为自己活着。为自己活着，才能活得更加轻松、更加潇洒，才能真正感觉到生存的意义。

现实生活中，每个人都有自己的安全区。如果你想跨越自己目前的成就，就请不要画地自限，要勇于充实自我，要接受挑战去冒险，你一定会发展得比想象中更好。

人在应付生活中的各种危险时，常常凭着经验和本能。比如，你不会去站在不稳的石头上，也不会把手伸进火里。之所以这样，就因为你有过痛苦的经历与血的教训。在同一个地方跌倒的情况是很少的，烫过一次手你就不会再去玩火。失败是一种宝贵的经历，它会让人得到经验，变得聪明。然而，他也会让人失去冒险精神，从而失去成功的机会。

很多穷人总是担心自己创业会失败，又失去了现有的稳定收入，偷鸡不成蚀把米。其实，犯错误不可怕，可怕的是恐惧犯错误。

汽车大王福特曾说过:"一个人若自以为有许多成就而止步不前,那么他的失败就在眼前。"

"只要安稳地过一辈子就行了,不必赚太多的钱。"假如你的头脑被这种念头占据,你一辈子也赚不了大钱。所谓的稳定收入是很多人行动的障碍,犹如人生的鸡肋,说到底还是缺乏自信。对绝大多数穷人来说,靠薪水永远只能满足生活的基本要求。老板雇你,不是要让你发大财的,也不是要和你共同富裕。所以最终,创造自己的幸福,还得靠你自己。只有将自己置于投资家的位置,你才可以驾驭金钱,让它来为你服务。让钱生钱,是创造财富的黄金法则。

如果一再谋求安逸,不思进取,不去投资,你就只能永远贫穷。当然,要投资也不能老想着一蹴而就。许多人一提致富,就想一夜暴富。一夜暴富的可能性不是没有,如中六合彩之类,但毕竟有此运气的人不多,绝大多数人还得依靠勤奋努力逐渐积累财富。

查理斯调查了美国170位百万富翁,发现他们的共同特点是很早就强迫自己将收入的1/4用于投资。既然一夜暴富是不现实的,我们就只有靠早行动来致富。越早开始投资,就能越早达到致富目标,从而使自己与家人越早享受致富的成果。而且越早开始投资,时间充裕,所需投入金额就越少,赚钱就越轻松。从现在开始,做一个投资者,让你的财富健康快乐地成长吧!

第三章
30年财务自由之路，不同时期的投资规划

二十多岁，单身期的投资理财规划

二十几岁的年轻人，正处于刚刚踏入社会的单身时期，对于财务方面的打理往往还没有形成良好习惯。这是一个能将幼小种子照料为资金大树的年龄阶段。虽然你可能刚参加工作不久，薪酬也不多，但是如果在这个时期就建立起正确的投资理财目标，并着手养成早储蓄的好习惯，未来必将收获一棵枝繁叶茂的财富大树。在二十几岁的时候，即使人生未来的财务计划中有一定的风险，你也可以无所畏惧地进行积极的风险投资，挖掘人生的第一桶金，这就是年轻的资本。但同时，对于二十几岁的你来说，方向尤为重要，因为它决定着你未来要走的路和要实现的财富目标。赶快行动起来吧，亲自动手建筑起你雄伟的财富大厦。

一、认识到钱的可爱与可怕

虽然离开学校已有些日子了,但对当时的生活仍然十分向往,那时轻松自如,无忧无虑,是靠父母辛勤赚钱的消费者。但是一毕业,情况完全转变,人生掀开新的一页,收入不高,负担也不重,工资升幅大,是资金积累的黄金时期。可考虑每月定期储蓄一笔资金,未雨绸缪,为将来的生活和进一步投资做准备。

二十几岁的年轻人,需要牢记一点:钱只会为懂得运作它的人服务。乱花钱有可能变成一个很可怕的陷阱,稍不留心就会坠入这个陷阱。如果自制力不够,花钱不加节制的话,很有可能使自己成为信用不良者。尤其年轻一代的人,往往还没有形成足够的忧患意识,过度消费的倾向是需要非常小心的。

这一阶段的消费不要图虚荣,刻意追求名牌。如果抱着及时行乐的态度,将来如何生活?

因此投资是越早越好,年轻时开始储蓄,就算每月的金额很少,退休时所得的回报也是相当可观的。

二、金钱的大树是由一分一厘的种子生长而成的

投资不单单是为了赚钱,所谓"聚沙成塔",就是说小钱累积也能成为可观的一笔大钱。所以,我们就该从生活中做起,省小钱积财富!不过,重点是你得先了解自己每个月的钱都是如何花掉的,又花在哪里。在进行收支规划前,下列几点

是你首要考虑的：

你的收入足够支付目前的开销吗？

你的收入在未来的成长空间有多少？

未来若有新增加的支出，你已经规划好能够有充裕的开销了吗？

考虑好以上几点后，就要仔细检查每月的开支了，并且改善自己的消费习惯。以下拟订几项实行的计划提供参考。

拟定目标，希望每月能固定存入多少金额，以准备投资理财。

采取每日定额法，限定每日身上所带的现金，不需带太多，正常花费够用即可。至于信用卡则只留一张以应紧急需要。出手买东西前多考虑一下，自然就不会乱花钱了。比如，不再看到衣服就买，仔细考量其实用性与耐穿性；减少到高价位场所娱乐的次数；每餐的费用尽量控制在100元以内；最重要的是要记得记账。

三、做勇于搏击风险的弄潮儿

你可以抽出一部分资金进行风险较高的投资，以取得宝贵的投资经验。

风险投资往往可以带来丰厚的投资收益，即使如此，要年轻投资者真做起来也并非易事。行为经济学家认为，二十几岁的投资者通常拥有的可以用于投资的资金并不多，而且在这个年龄段，资金的收入是呈现逐渐递增的趋势，因此，在这种形势之下，不妨选准项目，进行一些高风险的投资，以小博大。另一方面，即使是遭遇了投资风险，所损失的资金也是有限的，还可以为你未来的投资之路积累相当有用的经验教训。综合考虑，年轻人在保证生活水平的前提下，不妨尝试一些高风险、高回报的金融投资品种。

现代社会是好好思考如何将物力发挥到极限的好时机。二十几岁这个时期的财务焦点，就是要开始关注结婚费用和租房资金。这些都是个人必须解决的问题，人一生中要面对各种各样的问题，从现在开始，打理财富就是打理你的人生。从长远来看，提前做准备十分重要，当然我们还要修炼投资的好眼力。

可供二十多岁人考虑的金融产品

产品名称	特征
住房金长期储蓄/基金	一般工薪阶层，固定利率型和基金型均有免收利息税或者减免部分利息税的优惠。
终身定期保险、疾病保险	对发生不可预计性危险的一种风险保障。越年轻保险费用越低，比较适宜在参加工作之初就参保。
股票型分期投资式基金	虽然属于高风险、高收益的投资产品，但是通过长期投资的方法可以从一定程度上降低风险。
信托基金或者免税性养老保险	以退休生活为目标的长期投入，安全性要比债券型更高，如果定期储蓄额在2万元以内，可以减免利息税。

三十多岁，家庭形成期如何制订投资理财规划

到了三十多岁，在财务上最重要的事，就是购买住房和子女教育等"家庭事务"。如何规划这时期的投资理财方案呢？

在这段时期里的你主要面临的财务活动有购置房产、灵活使用抵押贷款、购车、支出子女教育以及抚养费用等，因此在三十多岁这个年龄段里，科学合理地调节现实满足（消费）和未来规划（储蓄）以及潜力的挖掘（投资）三方面的比例关系是重中之重。

家庭形成期主要是指从结婚到新生儿诞生这一时期，一般为1~5年。

这一时期是家庭的主要消费期。经济收入增加而且生活稳定，家庭已经有一定的财力和基本生活用品。为提高生活质量，往往需要较大的家庭建设支出，如购买一些较高档的用品；贷款买房的家庭还需一笔大开支——月供款。随着家庭的形成，家庭责任感和经济负担的增加，保险意识和需求有所增强。为保障一家之主在万一遭受意外后房屋供款不会中断，可以选择交费少的定期寿险、意外保险、健康医疗保险等，但保险金额最好大于购房金额以及足够家庭成员5~8年的生活开支。

处于家庭形成时期的人士，主要需要解决好以下的问题：

第一，要"住宅"还是"筑债"？

摆在大多数三十多岁人面前的一大课题就是购置房产。这个寸土寸金的时代，使购房成为当下年轻人的一大难题。房产固然可以当作一种资本增值的投资手段，但是，房地产业居高不下到底还可以维持多久这个问题，已经引起了广大投资者的谨慎思考。因此综合分析客观因素，为一个超出使用范围的大面积住房而大举借贷不能算是明智之举。凡事都要追大（房子大、车子大、面子大）往往会使你陷入负债沉重的窘境。因此理财专家建议三十多岁的人士，住房等负债比重控制在本人总收入的30%以内比较适合。因此，在三十多岁这个阶段，不要过分追求资产的规模，经常检查你净资产的情况。

第二，不要以为风险离你很遥远。

在大多数人的印象里，子女教育、养老保障这些还都是很遥远的事情，很多人都还在享受当下的生活。但是你有没有想过，作为一家之长的你，如果有一天面临失业、生病等危机，你的家庭会发生什么样的变化？不要以为风险离你还很遥远，也不要以为那些不测都是别人的事情。虽然你现在的身体状况良好，但未来会怎样谁也无法预测。人生变幻无常，三十多岁的时候，开始为自己做好终身保险，是明智的选择。因为随着年龄的增长，买保险就会变得越来越困难，从现在开始，为你和你家人的幸福上保险，也是为未来撑起一把牢固的保护伞。

第三，选择合适自己的金融产品，为未来投资。

在三十几岁的时候，选择投资要相对慎重，你需要经过严

制订个人理财计划的技巧

没有正确的理财方向

首先，要有一个科学系统的理财规划，并严格执行。其次，理财一定要尽早开始，长期坚持。最重要的是要愿意承担风险。

过度投资

有的人一味追求高利益，什么都想尝试，效果往往适得其反。过度投资会导致个人债务增加，生活压力增加，从而得不偿失。

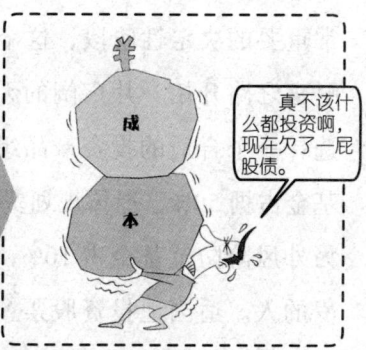

单一投资

一些人听到预计高收益率的产品，便一哄而上争相购买，却没有关注它的风险。他们往往会将资金投向单一的领域，一旦发生投资风险，财务危机随之产生。

谨的分析，考虑自己的财务状况、风险承受能力和资金使用时机等因素，进而进行科学的投资。集中资本，然后进行一项长期的投资，在选择投资产品的过程中，要尽量选择能降低投资风险的产品。在长期投资的时候，你需要坚持你所选择的投资产品，不要因为中长期投资在短期内不能带来显著的投资成果，就轻易频繁地更改投资战略，这对投资者来说是非常不利的。

放眼一生，在财富积累的过程当中，三十几岁是一个非常重要的决定性阶段，这个时期做好投资，可以为你未来的财富之路开拓一片广阔的天空。作为投资者的你，可以考虑选择一个合适的投资产品组合，若按财务目标来划分，住房基金占据50％、退休规划费用占20％、子女教育费用占20％，另外风险防范基金占10％，这样的投资组合比较适合三十多岁的人。适当地投资股票、期货等金融产品有助于你在风险中获得收益。

三十几岁的人，要学会风险投资，风险往往可以带来相应的丰厚回报，但是也要学会控制风险，将风险降至最低。选择一种擅长的投资方式，然后长期坚持下去，必然会收到满意的回报。因此稳中求胜、步步为营是三十多岁时投资理财的核心。

适合三十多岁人考虑的金融产品

产品名称	特征	备注
住房金长期储蓄	三十多岁的人一般为工薪阶层，固定利率型和基金型均有免收利息税或者部分利息税减免的优惠。	从20岁起续存
年金信托或免税性养老保险	将退休生活作为目标的长期投资，安全性要高于债券投资，定期储蓄额在2万元以内，可以减免利息税。	从20岁起续存
养老金保险	以应对退休生活为目的，为自己或者夫妻双方购买的保险，最好为利率联动型保险。	长期储蓄型产品
终身保险	为整个家庭购买的定期保险、疾病保险。可以扩大投保范围追加投保。	可追加投保
国内和海外基金的投资	最好在刚参加工作的时候就开始投保。根据不同的资金用途设立账户，进行长线与短线、高风险与低风险的分散性投资。	依据投资目的设计投资组合

四十多岁，步入不惑之年的家庭如何投资理财

步入不惑之年的人一般都处在"上有老下有小"的阶段，往往面临较大的家庭压力。这类人该如何理财？步入不惑之年的人，随着子女的独立能力不断增强，夫妻双方也积累了一二十年的社会经验，家庭收入进入了高峰期，因此进入不

惑之年后投资理财最重要的任务之一是实现家庭财产的保值增值，并为今后的退休生活适当做些规划。

四十多岁是重要的"资产形成期"，这个阶段里，财务活动的主要方向为扩大住房规模、准备子女教育费用、准备养老资金等。而另一个不可忽视的问题就是，在四十多岁的人生关口，你开始需要考虑与自己前途调整有关的问题，比如，是退休、换工作，还是用积累下的经验自己创业？

如果在三十多岁的时候没有做好迎接40岁生活的准备，那么有可能随之而来的各方面的压力，让你措手不及。如果正面临一塌糊涂的财务状况，那么你非常有必要对家庭资产结构进行一番调整。就好比在金融危机期间，好多企业经历了损失惨重甚至停业倒闭的切肤之痛，而危机过后，往往会开始注重结构的调整，化挫折为动力，重新以优秀的形象出现在世人面前。如果你从现在开始意识到你的财务出现了状况，及时调整，还是会孕育出新的机遇与希望的。

如果说三十多岁的时候投资要将重点放在净资产的增值上，而并未盲目地扩大投资规模，而四十多岁的阶段，你就需要转换思路，重新构架你的投资组合。那么从现在开始，对你的家庭资产结构做一次大调整吧。

第一，保证退休以后依然可以生活得富足。

退休金是老年生活的保障，但如果将老年的生活全部寄托在退休金之上，那么一旦出现重大疾病，或者面临不可预测的重大开支的时候，微薄的退休金在保障生活基本消费以外，还有多少结余可以帮助你应付不可预见的人生风险呢？因此，要保障"钱途无忧"，那么你必须从现在开始，为你的投资加码，将一定比重的资金转向投资，为你退休以后的生活做好准备。

第二，家庭产业结构的调整先从理债开始。

要了解你的资产状况，首先要对各种贷款，从抵押贷款到现金服务、私人欠款进行整理，然后列出一张负债表，用你当下的总资产减去负债表中的"负资产"，就得到了你拥有的净资产，如果你的债务表过于丰厚的话，建议你从高利息的债务开始，尽快偿还，将这些债务尽早从你的债务表中画去，另外减少信用卡的数量也是减轻负债的重要途径。

对于没有还清住房贷款的家庭，应避免被住房贷款的债务所累。大多数退休人员的寿命很长，他们不愿意蜗居在狭小的房间里整天看电视，想拥有一个宽敞舒适的居住环境，但维持一栋大房子、过高品质的生活是需要有较多的存款做后盾的，因此在购买住房申请抵押贷款时要格外小心，不要贪图过于奢侈的房子，以免被住房债务所拖累。现在适当控制抵押贷款，就能为养老金账户多增添一份储蓄。

第三，珍惜手中的积蓄。

一般来说，四十多岁的人，手上都会积累一定的积蓄，对于一生的财富积累来说，四十多岁是一个人收入达到顶峰的黄金时期，但是很多人却不懂得运用手中的积蓄，一些人将钱全部放在银行里面，等着收利息。而另外还有一些"假内行"，在不熟悉的情况下盲目选择一种产品，草率投资。这样会给你的财富和你的人生带来巨大的风险。如果这些积累在失误的投资策略中消失殆尽了，那么今后就很难翻身了。因此，对于四十多岁的人来说，要妥善、科学地运用手中的积蓄，选择稳健的投资产品，运用分散的投资组合有效地降低风险，获得更高的收益。

第四，要有一位可以为自己和家庭出谋划策的专业理财顾问。

四十多岁，是重要的资产形成时期，在这个阶段，你的收入将会到达一生中的最高阶段，但是相应地，支出也将达到顶峰。在四十多岁的时候，所做的各种财务决定都会对自己产生重大影响，因此，身边一定要有一位具备专业素质的理财顾问，他可以为你适时地转变投资模式、稳定获得投资收益提出科学可靠的建议。

可供四十多岁人考虑的金融产品

基金类型	特征
债券型基金	投资国家债券、金融债券、公司债券、商业票据等。
股票型基金	股票比例在 60% 以上的基金，高风险、高回报。
房地产基金	投资房地产开发产业、收益性房地产、海外房地产等。
指数基金	以市场平均收益率为达成目标的基金。

四十多岁的人，在经济上比较稳定，因此有能力开展理财活动，除每个月的定期储蓄以外，有效地运用闲散资金也十分重要。

五十多岁，投资方向转移是重点

俗话说，五十知天命，人生到了 50 岁的年纪，通常子女都已经长大成人，经济独立，自己也该准备进入退休阶段了。从 50 岁开始，你收入与支出的天平开始逐渐地倾斜于支出了，也就是从这个阶段开始，你的支出将大于收入，因此在这个年龄阶段，应该要比以往都更加懂得控制支出。如果说 50 岁之前理财的重心是资产的"积累"，那么在 50 岁以后，理财的重点就开始转移到财富的"守护"上来了。

五十多岁以后，你可以开始为退休以后的生活做准备，需要将重点放在以下几个方面。

一、细致地为退休生活做好规划

五十多岁的人，可能要面临的一笔数额较大的开销便是为子女筹备结婚的资金，但同样你也必须重视自己退休生活的资金储备，需要牢记，在 60 岁之前，你所筹集到的退休生活资金，需要达到计划总额的 90% 以上，才能使你的退休生活安乐无忧。

做好个人理财应具备的健康心态

理财并不是一件易事,需要经得起智力和耐力的考验。因此个人要想做好理财,健康良好的理财心态起决定性作用。那么,做好个人理财应该具备哪些健康心态呢?

明确理财是体力和脑力活,做好长期斗争的准备。

理财不会暴富,理财是细水长流的系统工程,因此,不要急功近利。

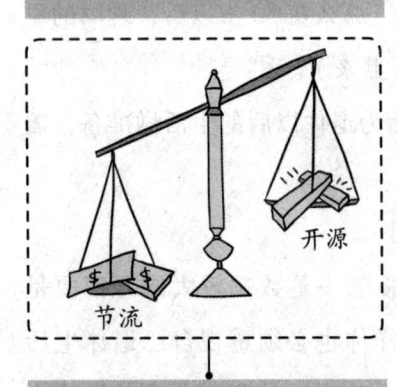

理财要求量入为出,要求开源节流。

多学习多看多思考,保持平和的心态切忌贪心,不要以追求高收益为目标。

二、房地产在资产结构中的比例要分配合理

五十多岁的人在设计退休生活的时候，不可忽视的一个重要部分就是如何分配房地产在资产结构中所占的比例。对于五十多岁的这一群体来讲，资产结构有一个相似性就是房地产所占的比例都比较大。在当下房地产价格持续上涨的市场环境下，很多人都把投资的目光盯准了房地产市场。不可否认，房地产市场的火热的确给不少的炒楼者来了巨大的投资收益，但是以后，随着出生率的逐年下降，人口老龄化的加剧房地产市场是否可以一如既往地持续走高？因此作为五十多岁的一代，应该适当地将资产分散化分布，这样可以有效地防止市场不景气带来的风险损失。

三、适合五十多岁的人投资的金融产品

五十多岁是进入退休生活之前的最后一个时期，因此资产的运作主要以求稳为主，当然也并不是说需要将全部资产都用于储蓄、国债等安全性产品的投资上。在这个年龄段的投资需要注意的是，要降低自己的收益期望值，运用长期积累的经验，灵活地投资各种基金和风险较低的有价证券，依然可以获得可观收益。

从50岁以后，遵守投资原则，控制风险比任何时候都要重要，另外你还需要在退休之前将房屋贷款和购车贷款还清，这样可以在退休以后，享受没有债务压力的轻松生活。

四、投资高风险产品一定要慎重

如果是二三十岁，即便是承担较大的风险进行投资也是无妨的，因为还有诸多机会挽回损失。到了50岁的时候，你就必须要谨慎了。如果资金遭遇了巨大的损失或者资金周转不灵的话，会给家庭收支平衡带来极大的破坏，并给退休生活带来极大的负担，因此，50岁以后的投资要从高风险、高回报转向低风险、收益稳定的投资方向上来。通过缩小资产结构中高风险资产的规模，确保资金的安全性和流动性，同时要避免资金过于集中，注重分散投资。

综上所述，对于五十多岁的这一群体来讲，投资的重点是投资方向的转移，因此科学合理地完成投资方向的转移是帮助你实现未来无忧人生的重要手段。

如何为5万元闲置资金做投资理财计划

风险承受能力不同的人，该如何按不同的方式为5万元闲置资金做投资理财规划？

如今投资市场上的投资方式令人眼花缭乱，很多人就是在这些纷繁的投资方式上"迷了眼"，要么收益过低，要么亏钱太多。如果你有5万元闲钱，你会怎样投资？这里为大家选择了几种渠道以适合不同人群的不同投资组合。

对风险承受能力较低的人群与承受能力高但生活压力大的人群来说，5万元的投资组合方式应该有很大不同。

对于前者，最好选择风险最低、最稳定的投资方式，期限要稍长。目前各家银行推出的人民币理财产品收益高于定期存款，而且基本上没有风险，你可以拿一大部分出来投资。国债也是极稳定的选择。同时，你一定要留一部分钱出来作为随时可取的备用金，以做医疗等急用。

例如，2万元购买人民币理财产品，一年期收益在2.5%左右，万一急用时可以到银行进行质押贷款；2万元投资国债，只有3年期和5年期，可以提前回购；1万元在银行存"通知存款"，收益比活期存款高，而且可以提前取用，不损失利息。

对于后者，可以选择风险与收益均相对较高的基金，再拿一部分购买人民币理财产品和存"通知存款"备用。

例如，2万元购买基金，一般基金产品在3个月后即可回购，如果第一次分红收益较高，可以立即赎回做短线投资；2万元购买人民币理财产品，目前有3个月、半年和一年3种期限，时间都不长；1万元存"通知存款"。

另外，黄金市场开放后，成为非常好的一个投资渠道。投资者既可投资纸黄金，也可买实物黄金。但投资纸黄金需要一定的专业知识和时间，对于大多数投资者来说，买实物黄金最简便、稳妥。

投资者也可以尝试集合资金信托产品,该产品是指机构和个人将资金委托给信托投资公司。目前市面上推出的大部分信托产品均属于集合资金信托产品。此类产品具有以下优势:风险可控、收益较高、期限适中、流动性强。集合资金信托产品适合有一定经济能力、要求收益稳定、有一定风险承受能力的投资者购买。

对于投资股票的投资者来说,投资风格不同,其投资决策就会不同。操作频繁的投资者可以紧跟目前市场的热点,但是要做到见好就收,不要久拖。对于操作较少的投资者来说,个股前期的选择很重要,要考虑到个股的行业背景及本身的质地等方面的因素,可长线关注一些质地优良的个股。时间一长,这些个股稳健的优势自然就体现出来了。

如何让10万元快速增值

假如现在你的手里有10万元可供支配的闲置资金,那么你该如何对这10万元进行科学有效的打理,使它以最快的速度增值呢?你的理财方案是怎样制订的?

小林和小李这一对小夫妻工作3年多了,累积下来10万元存款,他们的收入基本比较稳定,这10万元的积蓄,他们觉得存入银行获得的利息微乎其微,太不划算了。想做一些投资来获取更丰厚的回报，又不知道哪种投资更适合像他们这样没有什么投资经验，而且资金相对不多的投资者。

投资并没有我们想象的那么难，找对了方法，即使是小钱也可以变成大钱的，关键是在于方法的选取。首先让我们来对这对夫妻的财务状况做一个系统的分析：

第一，由于是年轻夫妻，事业和家庭收入都应处在稳步上升的阶段，因此在理财上可以采取一些积极进取的投资策略，增加投资性收入，实现家庭财产快速增值，收入来源多元化。

第二，目前在银行的10万元资产在保留2万元的家庭应急金以后，其余的就应当拿出来作为投资资金，而且主要的投资方向应当是证券市场。不仅如此，在今后一段时间内，家庭每月的收入结余资金也应当主要用到证券市场的投资中去。

第三，在具体投资操作上，理财专家推荐这10万元本金的持有者采取无为而治的策略。因为这对夫妻还很年轻，应当将自己的主要精力放在事业的发展方面，家庭的投资采取被动性的专家理财方式较为合适。就是采用购买开放式基金的方式让专家来为自己操作，同时也应避免试图把握市场的走势寻找最佳买入和卖出时机，只要有了可投资资金就买入适当的基金，然后一直持有到自己需要使用资金的时候。当然并不是说买了基金就完全不管了，还是要定期考察自己购买的基金的表现，如果实在不好，也要及时更换。不要过于关注和频繁更换基金，一般来说每个季度看一看自己基金的表现就可以了，如果所购基金表现不佳,也不要急着换,一般要考察 4～6 个季度以后,确实表现不好的基金才及时换掉。

第四,具体的基金种类的选择可以这样安排:5000 元活期存款,1.5 万元购买货币市场基金。这 2 万元构成了家庭的应急金。剩下的 8 万元则应逐步购买开放式基金,以股票型基金为主,也可适当配置一些平衡型基金。以目前的国家经济运行状况和股市的走势,在这样的配置下,一年 10% 的收益是完全可以期待的。

理财专家为起步阶段的年轻人制订了一套详细的投资方案,如果你掌握了这套科学的投资方法来运作这 10 万元,你的财富不仅可以保值,而且会在数年后获得增值,为你未来的财富起飞做好准备。理财专家为你制定了投资规划,只要你按步骤去实施,获得收益就只是个时间的问题了。

50 万元是投资楼市还是投资股市

如今房价高高在上,一些工作稳定的中产者暂时打消了购房的想法,转而想在火爆的资本市场中试一试身手,博取一些投资收益。而对于一些手中有一定闲置资金的人来说,投资房产也是一种不错的选择,风险较小,而且房产不仅可以保值,也可以供家人居住。

偏爱稳健型投资的老王，用自己的50万元积蓄在中小城市市区的繁华地段，以45万元一次性付款的方式购买了一套面积为120平方米的三室一厅。又花5万元进行了简单的装修，打算出租给工作在附近的白领，从当地的实际情形看，出租前景应该不错。

李先生，某公司部门主管，夫妻双方均收入稳定，已经拥有一套两居住房，有一个年纪尚小的孩子。最近李先生家有一笔50万元的定期存款到期，想拿这笔钱做一些投资。但他不知道是应该投向风险收益都相对较高的股票市场，还是应该像老王一样，购买房产，稳健投资。

面对这种情况，理财专家给出了一些建议。

第一，像李先生这样的三口之家，即使是属于中等收入家庭，其风险承受能力也是有限的。因此李先生首先需要注意的是控制投资风险。首先，家庭应急备用金及应付需大额开支的意外等的资金要留足，剩余资金再考虑投资。因为股市风险比较大，专家认为李先生可以考虑投资一个三线城市的商品房，可以选择首付在20万元左右，处于繁华地段的小户型商品房，以分期付款的形式购买，这样，一方面房屋租金可以用来偿还贷款，另一方面房产也可以成为家庭一种增值较快的储蓄性投资。

第二，采取分散投资的方式，风险较低的理财产品如债券型基金和银行理财产品等至少要占投资组合的20%，基金组合中可适当配置指数型基金和封闭式基金。关于孩子教育基金，可采取教育储蓄和基金定投的方式来解决，为孩子积累大学教育金。

第三，剩下的钱可适当购买必需的保险，如夫妻二人的健康险、重大疾病险、意外险等。在孩子身上的投入除购买一些儿童住院保险、医疗保险和意外保险外，还可以每年大概投入8000元，为孩子购买一份教育基金。

许多家庭都把股票投资理财当作暴富手段，这是非常严重的误区。理财不是一夜暴富，而是一种生活方式，不要看到别人在股市中赚钱就眼红。对于绝大部分人来说，更应该从自己的客观实际出发，着眼于长期增值，抵御生活风险，保护和改善未来的生活，达成多年后养老、子女教育等长期财务目标。要做好投资，首先要对各种手段有一个整体的了解。

股市投资的方式大致分为三种：第一种，直接通过买卖股票进行股市投资；第二种，以投资基金的形式，对包括股票和债券等有价证券进行间接投资；第三种，是权证形式进行股市投资。以上的这三种股市投资形式，投资人可以根据自己的计划和风格挑选适合的股票进行投资。

股票价格的变动很快，可能升值也可能贬值，缺乏稳定性，风险性也相对大一些。而且，股票不是一种保值的产品，遇到股市波动，资金就可能被套牢。不过另一方面，股市投资具有变现能力强、投入大小金额随意及短期利润回报高的特点。股票投资的门槛比较低，只要手上稍有闲钱就能炒股，有钱的就可以多买点儿，钱少的就可以少买点儿，随时投入，随时变现。

根据获利方式和投资周期，楼市投资可以分为长线投资和短线投资。以获取房租为主要目标，期望房屋的自身价格在较长时间里稳步上涨以获取利益的为长线投资；频繁地买卖房地产，再转手出售的方式为短线投资。一般而言，短线投资周期短、风险大，如果对所投资房地产的升值空间没有足够把握的话，很容易造成资金压占，影响投资人的运作。长线投资则具有风险低、回报稳定的优点，因而许多楼市的投资者都倾向于这种投资方式。楼市投资最重要的就是找到适合自己的投资品种，仔细考察它的优劣特征，估算其升值空间，并做好中长期投资的规划准备。

股市与楼市两者之间，一虚一实，是一头扎进股市购买股票，还是精心运筹投资房产？哪一种选择更为科学理性？其实，对于50万元左右的资金量而言，只要投资者在做出投资决策之前，根据自己的投资偏好，考察投资的支出、风险、收益、行业状况等要素，在对各种要素进行综合分析后再决定投资方向和投资方式，要实现增值并非难事。

第四章
发现你的性格优势，找到自己的财富地盘

了解自己的特长，选择适合自己的投资方式

上帝对每个人都是公平的，当他为你关上一扇门的时候，也为你开了一扇窗。不要说你自己一无所长，只是你的特长被隐藏了。只要及时发现和发挥自己的特长，并把它运用在创业投资中，就会事半功倍。

美国有一个乞丐，40年来一直以乞讨为生，并且过得轻松快活。有一次他来到了一位富翁的住处附近行乞，正巧碰上这位富翁的车在他的身边停下来，乞丐认识这位远近闻名的富翁，知道他是当地首屈一指的富人，于是他连忙跑上前去对富翁说："先生，行行好，给点钱吧！"富人和善地问："你是要一美元呢，还是要一万美元？""当然一万美元了，一万美元对你来说相当于一美元……"富人从口袋里摸出一美元递给乞丐，又从手提包里拿出一个本，乞丐看着心中暗喜，心想果真

出手大方，支票都拿出来了，只见富人拿出笔，在纸上飞快地写了点什么，然后扯下，递给乞丐说："给，这是9999美金。"乞丐惊喜地双手接过富人递过来的纸一看，这哪里是什么支票，只是普通的一张纸罢了，不同的是在这张普通的纸上，有这位富人给这位乞丐的忠告："用特长致富。"乞丐望着富人苦笑说："我只是一个乞丐，哪有什么特长和知识啊……"富人微笑着回答："每个人都有特长，乞丐也一样，只是你自己没发现而已。"

所谓特长就是你身上让别人刮目相看的亮点，世界上每个人都有自己的特长，挖掘自己的特长并运用它们，你将如手握利剑的高手，所向披靡，斩获财富的果实。

正所谓，知己知彼，百战不殆。投资也是一场战役，要想在投资战中占领更多财富，首先就应该学会认清自己的特长并将它的功效发挥到最大。

其次，做到"知彼"，想在投资中取胜，你就需要了解、研究投资工具，选择最适合你的一种并且熟练地运用它为你赚钱。投资的工具有很多种，包括定存、基金、股票、期货等，很多人都很难知道哪一种投资工具更适合自己。一种适合的投资工具的选择，主要在于投资者对于自己所追求目标的了解。比如那些说定存不行的人，追求的是高收益的回报；而说股票像赌博的人，则更倾向于追求安全、低风险的投资。可见投资工具无所谓哪种好哪种不好，重点是哪一种最适合你。那么应

如何选择适合自己的理财方式

你的职业决定你的理财经

你的职业决定了你能够用于理财的时间和精力,而且在一定程度上也决定了你理财的信息来源是否充分,由此也就决定了你的理财方式的取舍。

你的收入决定你的理财力度

在理财中,人们提倡将收入的1/3用于消费,1/3用于储蓄,还有1/3用于其他投资。如此,你的收入就决定了这最后1/3的数量,并进而决定了你的理财选择。

你的年龄告诉你的理财路

人在不同的年龄阶段所承担的责任不同,需求不同,抱负不同,承受能力也不同。每个阶段各有不同的理财要求和理财方式。

该如何选择适合自己的投资工具呢？

第一，从时间的角度来看。

你要对自己的情况做一次客观的评估。比如你的空闲时间有多少、资金有多少、风险承受能力有多大等。有的投资工具需要投入大量的时间去观察分析，比如股票、期货，如果你的空闲时间比较多，可以选择这些类型的投资工具。而有些投资工具只需要投入少量的时间就能掌握投资要领，比如基金、房地产、债券等。如果你的空闲时间比较少，那么这类的投资工具相对更加适合你。

第二，从投资工具的风险角度来看。

有的投资工具风险小，虽然回报率比较低，但是相对安全，比如债券。如果你的风险承受能力相对较低，则这类投资工具比较适合你。

你要明确自己的目标。如果你追求更高的回报，你就可以选择股票、股票型基金以及期货等工具。

选择一种适合自己的投资工具不仅能给自己带来丰厚的收益，同时也会带来投资成功所获得的快乐。

姜先生今年27岁，在事业单位上班，每个月收入比较稳定，有3000多元，此外还有近5万元的存款。然而，他却不知道该如何去经营手上这些存款，一直把钱放在银行里存定期，工作了3年多，可是他发现自己的财富增长非常缓慢，于是姜先生便有了投资理财工具的念头。他希望通过投资，能够让自己的财富获得更快的增长。

在刚开始的时候，姜先生选择了投资股票。他听说股票赚钱快，可是没多久以后，他就发现了重要的问题——股票需要经常地关注股市行情，但他根本没有时间，即便他可以通过手机上网来随时查看股市行情，并且买卖股票。经过一段时间的投资，虽然他从股市中赚了一点小钱，但是炒股耽误了工作，这对他个人事业的发展有很大影响，在权衡之下，姜先生决定放弃炒股。

但是姜先生并没有就此放弃投资，他从股票市场转向了基金市场，进行基金的投资。他把手上的基金投资分几部分，30%的股票型基金，40%的债券型基金，另外，他还买了几份保险。

自从转向投资基金之后，姜先生就不再因为理财牵扯精力耽误工作而烦恼了，他投资的基金产品每年的回报率都比较稳定，这让姜先生在赚钱的同时很有安全感。

市场上各式各样的投资工具，每一种都有可能为投资者带来收益，但是每一种也都存在着风险，只有选择最适合你的一款投资工具，才能最好地发挥其优势赚钱。许多投资者从众心理极强，见到别人投资赚钱了，便也跟着买进、卖出，偶尔可能赚些小钱，但费时费力不说，动作稍微慢点，就可能被套或者赔钱。

投资者一定要有自己的主见，避免盲目从众。投资者在选择时，应结合自己的专长，不可强求。有的人喜欢买国债，认为买国债保险，收益也较高；有的人喜欢做房地产，认为房地产市场套数多、空间大、有意思；还有的人喜欢收藏钱币、古董……

可见，投资者首先必须认识自己、了解自己，然后再决定投资什么、如何投资。投资者只有从实际出发，脚踏实地，发挥自己的所长，选择适合自己的投资方式，才能得到较好的回报。

找准"地盘"，量力而行

适合自己的就是最好的，投资也是如此。你找好自己的投资"地盘"了吗？

优秀的投资者擅长根据自己的特点，在市场上寻找属于自己的"地盘"，在寻找投资地盘之前要划定自己的能力范围，这样才能在投资中实现最大效益的财富收益。

就像没有人可以一手遮天一样，也没有人可以独霸所有投资领域。你要做的不是随波逐流，而是找到自己投资的"地盘"。

有一个名叫拉里的投资者。他在20岁的时候身无分文地来到纽约，在华尔街找了一份工作。两年之后，他的投资利润已经达到了5万美元。又过了两年，他辞去了正式工作，开始全心为自己投资。他基本上就是自己做风险资本基金,甚至连个秘书都没有。现在已有数百万美元财产的拉里擅长在有前途的生物科技创业企业中取得与创办人相当的股权地位。拉里的成功秘诀在于他建立了自己的市场领地。

每一个成功的人都有一片明确的领地。比如,约翰·麦肯罗、迈克尔·乔丹、贝比·鲁思和泰格·伍兹,他们都有自己的领地。他们都选择了一个自己最擅长的领域,从而得到自身潜能的最大限度发挥。设想一下,假如麦肯罗在篮球场上,而贝比·鲁思在温布尔登网球赛中,那么他们可能会像离开水的鱼一样狼狈。

可见,不管是在哪行哪业,选择适合自己发展的领地对于成功是非常重要的。纵观历史和国内外商业界,每一个成功的投资者也都有属于他自己的领地。

说巴菲特这样的投资"鲸鱼"只占据了一小片领地,可能听起来有些奇怪,然而,在全世界所有上市企业组成的23.1万亿美元的"池塘"中,就算是巴菲特的净资产达719亿美元的伯克希尔·哈撒韦公司,也只是一条中等大小的鱼。不同种类的鲸鱼都生活在自己的特殊环境中,很少彼此越界。类似的,巴菲特也在投资世界中占据了自己的生态领地。而且,就像是鲸鱼的生态领地与它能吃的食物有关一样,投资者的市场领地也是由他懂什么类型的投资决定的。每一个投资者都应依据自己的实际情况,审查自己了解什么类型的市场,从而找准自己的投资领地。

在找寻属于自己的地盘的时候,首先要划定自己的能力范围。没有无所不能的投资者,成功的投资者大都把注意力集中在一小部分投资对象中,他们日积月累不断耕耘自己的"一亩三分地"。收获财富不是偶然。

成功的投资者发展自己的投资哲学的过程决定了他懂什么类型的投资。这划定了他的能力范围,只要他不超出这个范围,他就拥有了一种能让他的表现超出市场总体表现的竞争优势。

成功的投资者并没有刻意去占领某个特定的"生态"市场领地。他们同样是根据积累的经验做出对该领域科学的预期和判断。对风险与收益都做有预见性的估计,这样就使得他们在该领域具有了其他竞争者不具备的优势。经验对于投资者来说,是一笔财富,如何具体地将经验转化为投资的价值,换句话说就是投资赢利,就是要在熟悉的领域范围内,进行操作。

成功的投资者不理会他不了解的投资对象,是因为他知道自己的不足之处,而他知道自己的不足之处是因为他划定了自己的能力范围。成功的投资者已经证明,如果是在熟悉的投资领域里,他们可以轻松地获利;但是如果是面对一个陌生的行业,他们的优势便得不到发挥,这样使得长久以来积累下来的经验对新的投资环境失效了,从而为成功增添了巨大的风险。

偏好长线的人如何集中财力进行投资

集中投资是获得超额收益的良好途径，分散投资在分散风险的同时也会分散收益。如果我们对要购买的企业没有把握，哪怕是一股，也不可以买入，正所谓只做最有把握的事情，只买最有把握的股票。

巴菲特说："我认为投资者应尽可能少地进行股票交易。一旦选中优秀公司大笔买入之后，就要长期持有。"巴菲特在40多年的投资中，十几只股票使他赚取了大量财富。他认为投资人应该很少交易股票，但一旦选中优秀的公司而决定买入之后，就要大笔买入并长期持有。

这可以说是偏好长线投资的人最理想的状态，也是长线投资的魅力所在。长期投资是指企业以获取投资收益和收入为目的，向那些并非直接为本企业使用的项目投入资产的行为。长期投资有债券投资、股票投资和其他投资三种形式。上市交易的债券和股票一般采用现行市价法进行评估，按评估基准日的收盘价确定评估值；非上市交易的债券和股票一般采用收益现值法，根据综合因素确定适宜的折现率，确定评估值。递延资产能否作为评估对象就在于它能否在评估基准日后带来经济效益。

巴菲特形象地把选股比喻成射击大象。我们投资人所要选择的，是一只很大的大象。大象虽然不是常常出现，而且也跑得不是很快，但如果等到它出现时才找枪，就来不及了。所以为了及时抓住这个机会，我们任何时刻都要把上了子弹的枪准备好。这就像投资人任何时候都准备好现金等待大好机会的来临那样。

巴菲特本身的投资，次数的确是很少的，但一旦投资，就会是大笔投资。巴菲特堪称不受市场短期波动起伏影响的具有极好心理状态的典范，他很少在意股票价格的一时波动。他建议每个投资人都给自己一张卡片，上面只允许自己打12个小洞，而每次买入一种股票时，就必须打一个洞，打完12个，就不能再买股，只能持股。这样会使投资人真正转变成优秀公司的长远投资人。

作为一般的投资者，需要耐心地持有手中的投资组合，不被别人的短线获利所诱惑。有很多股民手上持有的股票品种很多，甚至有一些散户就是喜欢买多种股票，这里尝试一些，那里买入一些，名下股票种类多得不胜枚举，等到最佳企业廉价购入的机会到来时，反而手上的资金所剩无几。这就像打猎时，大象一直不出现，猎人失去了耐心，对松鼠、兔子等小动物也照射不误，结果，等到大象出现时，子弹已经所剩无几。

事实上，投资组合越分散，股价变动的激烈性在对账单上的反映就越不明显。对于大多数投资人来说，分散投资的方法的确很安全，因为所有的波动都被分散投资抵消了。但事情的另外一面是，获利曲线相对平坦而乏善可陈。所以分散投资的方法虽然不会引起客户太大的情绪反应，但永远只能获得较为一般的利润。具体说来，我们进行集中投资，长期持股可从以下几方面着手：

首先，选择 10 ~ 15 只未来能获利增长并能延续过去良好表现的绩优股。

其次，分配投资资金时，要将大部分资金集中投资于未来获利能够高速增长的企业。

再次，只要股票市场不持续恶化，保持投资组合至少 5 年不变，可能的话，越久越好。同时做好充分的心理准备，不被股票价格的短期波动所左右。

但是，值得长期持有的公司必须是优秀的公司，并且只有这些优秀公司一直保持之前我们看中的状况，我们才能继续持有它们。

记住，随便买只会使你的盈利不多。因为，这使你在股市偏低和偏高时都有定期买入的现象。

我们不要一直手痒而想要这里尝试一些、那里买一点，希望能够碰运气的话，反而是要集中精神寻找几家非常优秀的公司，那么，我们就能够确保自己不随便投入资金、买入自己不值得投资的公司的股票。

投资习惯就是你生存的竞争力

在投资领域中，要想生存就必须有良好的投资习惯，否则，完全依靠运气，想要做好投资是不可能的。投资不是赌博，也不是买彩票，而是智慧的博弈，是眼光与毅力的角逐。为了达到我们理想的目的——赢利，我们必须尽早培养良好的赚钱习惯。

想要在投资领域获得成功，你需要学习一些成功者必须具备的投资习惯：

第一，留足你过冬的粮食。保住本金永远排在第一位，有经验的投资者最重要的事永远是保住本金，这是投资策略的基石。失败的投资者往往就执着于"赚大钱"，而常常不惜冒着不可预计的风险，最终连本钱都保不住。

第二，努力规避风险。风险是财富积累最大的敌人，有可能顷刻之间将你苦心经营多年的财富大厦击垮，真正的投资大师都是谨慎的风险回避者。

第三，只投资于你熟悉的、精通的领域。成功的投资者只投资于他所擅长的领域，而有些投资者，由于缺乏对自己的性格特点以及投资行为的深刻认知和判断理解，而忽视了赢利机会往往就蕴藏在他们所专长的领域中，以己之短去搏他人之长，最后必然导致投资行为的失败。

第四，不做不符合自己标准的投资。成功的投资者从来不做不符合自己标准的投资，他们可以很轻松地对任何事情说"不"。不管这一笔投资的利润高到多么诱人的地步，如果你对这个行业并不熟悉，那么其风险是你不可预计和控制的，盲目地跟随其他人入市，只能成为别人致富路上的垫脚石。因此，要适当地采纳别人的意见，更要坚持自我，面对无法克制的欲望，要坚定地对自己说"不"。

第五，及时承认你的错误，并立即纠正它们。任何人都会犯错，即使是投资大师，也不可能一生不做亏本的买卖，但是错误不要紧，最可怕的是将错误进行到底。有经验的投资者一旦发现自己做出错误的决策，就会即刻纠正它们，这样就可以将损失降至最低。而那些失败的投资者往往不忍心割肉离场，总是抱着逆势操作的侥幸心理，最后往往是遭受更巨大的损失。

第六，不管你有多少钱，少花点钱是没错的。要做真正有收获的投资人，就应该勤俭节约。投资大师都知道把钱花到真正需要的地方，让它赚回更多的钱。

如何将自己打造成为一个真正具备成功素质的投资者呢？着手培养自己的投资习惯，最重要的是要学会理性思考。在投资过程中，很多人愿意接受那些流传甚广的关于投资的"专家建议""大师模式"，如果不懂得运用自己的头脑去思考，而盲目套用别人成功的经验，只能被潮流迷惑。所以，迷信与盲目崇拜都是不可取的。无论是专家、大师的经验，还是内部消息，都带有一定的迷惑性。只有用科学与理性武装起自己的头脑，用理性思维去判断市场的走势，才能做出最合适的投资决策。

偏好短线的投资者

在股票的市场上，决定一项投资是否可以获得成功的因素有很多，长线与短线无法轻易断言哪个是获取成功的最佳方法。关键在于投资者如何选择适合自己的操作方法，适合的往往是最好的，是可以帮助投资者最后获取收益的有效途径。

在森林里，动物们决定召开一次赛跑大会，很多动物参加了比赛，比如斑马、猎豹、兔子、猎狗等。比赛快开始时，大家都在猜测这次谁会赢得大赛的冠军。

斑马一向以长跑健将著称，因此很多动物非常看好斑马，觉得这个冠军斑马势在必得。

可是，这场比赛却是一场短距离的赛跑，结果枪声一响，猎豹就冲在了最前方，还没有等大家反应过来，它就已经冲过终点线了，猎豹成了这次短跑比赛中名副其实的冠军。

这时狮子说，如果是一场长距离的赛跑，那森林里没有能跑过斑马的，它的耐力可以经受住十分遥远的跋涉，它的韧性可以跨过森林、沙漠、草地，还可以跨过沼泽和戈壁等十分复杂的地形。但是在短距离的赛跑中，斑马的韧性和耐力就完全失去优势了。

在短距离的比赛中，速度决定一切！

斑马和猎豹就好比股市中的长期投资过程和短期投资过程，一个讲的是耐力，一个讲的是爆发力，谁会赢，并不在于谁跑得更快，而在于什么样的比赛环境。远距离的比赛，猎豹固然不及斑马，但是如果是瞬间的爆发力的较量，猎豹的神速就是无可匹敌的了。

这就好比在股票市场中的短期投资。短期投资，是指能够随时变现并且持有时间不超过1年（含1年）的投资。如果是做一项长期投资，考验的是投资者的眼光和长期的判断力，而短期投资中，较量的就是投资者的方向、速度和决策力了。

短期投资包括对股票、债券、基金等的投资。如何判断一项短期投资？它应符合以下两个条件：

1. 能够在公开市场交易并且有明确的市价。
2. 是剩余资金的存放形式，并保持其流动性和获利性。

短期投资因为时间短，资金出入灵活，可以很快地离市，因此要更加注意涨跌的幅度。

偏好短线的投资人通常都是喜欢挑战、渴望快速赚钱的人。由于短线操作极具挑战性，因此对投资者是否敏感、决策是否果断有很高的要求。因此投资人如果想做一个短线投资的高手，就必须掌握以下几大原则。

第一，短线操作是以快速赢利为目的，不能赢利和不能快速赢利，都是与目的相违背的，因此，只要一只股票的攻击力消失，无论它是否下跌，都必须离场，尽快摆脱这笔交易。

第二，短线操作绝对不能以预测其会大幅反弹，而以价位较低为买进条件，这点一定要牢记！黑马不会在创新低的股票中产生，只有脱离低价区的股票才有快速上升的动力。短线操作要买上升势不可当的股票，要买明显上升的股票，绝对不能买下跌的股票。最安全的股票是在你的操作时间级别不断创新高的个股。只有现在正在上涨的，将来才能继续上涨，才有可能快速获利。

第三，在个股已经到达循环低位后的第一根大阳线时买进。不要因为价位相对较高而不敢买进，或不愿买进，只要股价在你操作的时间级别内创出新高，就表明买进是正确和安全的。在正确的时机做正确的事情总会有利润。在买进后，每次创一定幅度的新高都要加仓，哪怕只买一点，目的是增强持股信心，而不是预计高点卖出。这和贪心不是一回事，而是让你明智地操作。

第四，每个人都会犯错，哪怕你遵守了以上所有规则。一旦你的操作和预期目标不符合甚至违背，就表明你错了。既然错了就退出这笔交易，不要有什么金钱上的顾虑，尤其不能有低位加仓摊低成本的想法，这会导致你死不认错，最终以失败告终。

第五，短线交易的资金最好分成三份，信心足的可以两份投入一只股票，尤其是强势涨停的股票。涨停表示大家愿意以更高的价格去买进，本身就代表强烈的上涨欲望，股价在涨停的价位很自然地有强劲的支撑力量。

第六，在大势下跌时不要追逐强势股。不分时机不讲时宜，整天在市场进出的人不可能有很大的投资效果，知道有所放弃才能有所得，不要被贪心和欲望所左右。短线操作的一切交易都需要坚持一贯性的原则，只遵循唯一的买进和卖出信号进行交易。

第七，循变理论的短线交易原则也是一样的道理，只不过交易信号的确立由日线图交易信号，缩短为15分钟图的交易信号，关注的时间级别降低了。

个股的走势是涨跌互现、交替循环的，选择处于强劲的短期上升循环的个股并且转化为市场买盘，就会赢利。其实短线交易没有什么难的，难的是一般人很难建立一贯性的态度，并遵循一贯性的策略。

冒险型投资者

随着GDP（Gross Domestic Product，一定时期内国内生产总值）的增长，一些人的荷包也逐渐鼓胀起来。这时候，投资、理财就成了这些人茶余饭后、闲暇之余讨论的话题。尤其是面临通胀日益严重的时刻，通过投资、理财使财富不至于缩水，如果可能，就让私人财富与社会发展同步水涨船高，保值增值，成了值得研究的学问。大多数缺乏投资、理财意识的人，有可能一边辛辛苦苦劳心劳力，一边却要眼看着因不善理财，财富越来越少。而有些人则不愿看到自己的财富静静地从指间溜走，宁愿选择做冒险型的投资者，他们认为在风险中博弈，追逐高额的利润对于财富的增值来说才是最安全的。

这部分投资者基本上实现了财务自由，希望通过高风险投资方式，实现更快的财富积累，享受投资过程中的巨大刺激，以及由此而来的成就感。对这部分人来说，股市和期货市场等风险较大的金融市场则成了他们通天财技的主战场。对于那些承受能力较强的个人而言，风险投资法是不错的选择。如果你是爱好风险的投资者，不妨尝试以下投资方法。

一、炒股法

股票市场中的品种有两类，一类是套利型的专业品种，一类是低风险的盲点品种。如果能够学会这方面的技巧，机会是非常多的。

二、炒汇法

个人外汇买卖，是指依照银行挂牌的价格，不需要用人民币套算，直接将一种外币兑换成另一种外币。参与个人外汇买卖主要可以获得两个方面的投资收益：

保值增值。可以避开汇率风险，使手中的外币保值增值。

增加利息收益。将低利率外币换成高利率外币，同时需要考虑升值趋势。

三、基金法

基金是中国近几年新出现的一种投资方式，主要有两种：股票型基金和货币型基金。

股票型基金。赢得股票市场上涨趋势时的收益，要有判断股票市场走势的能力。

货币型基金。赢得稳定的高于银行利息的收益，与股票型基金套做。

另外，对于冒险型投资人，我们也可以选择最佳的投资组合。

这种组合模式呈现出一个倒金字塔形结构，各种投资在资金比例分配上为：储蓄、保险投资为20%左右，债券、股票等投资为30%左右，期货、外汇、房地产等投资为50%左右。

这一投资组合模式适用于那些收入颇丰、资金实力雄厚、没有后顾之忧的投资者。其特点是风险和收益水平都很高，投机的成分比较重。

投资者要慎重选用这种模式，在做出投资决定之前，首先要正确估计出自己承受风险的能力。对于高薪阶层来说，家庭比较殷实，每月收入远远高于支出，那么，将手中的闲置资金用于进行高风险、高收益组合投资，更能见效。由于这类投资者收入较高，即使偶尔产生一些损失，也容易弥补。

这个世界上没有100%的安全，即使是科技含量极高的宇宙飞船也有出故障的时候，更何况个人投资行为。有些投资者投资失败，问题不在缺乏冒险精神，而是冒了不该冒的险。他们不知道冒什么样的风险才能投资成功。投资获得高回报依靠的是复利作用，而复利作用只有在高报酬下才能发挥最大作用。因此要冒正确的险，便是将钱投资在高回报的投资项目上，并勇于承担其所伴随的高风险。没有高回报的风险千万不要冒。

　　例如期货、彩票、短线操作股票，投资这些的风险皆很大，其报酬率皆为负值，换言之，投资这些都是高风险、负报酬的活动。你可以抱着娱乐的心态去投资，但千万不要将其作为一种事业，期望以此而发财。

第五章

储蓄大有学问，用 30 年见证复利的力量

摆脱"月光"的命运

如今，在年轻人当中，"月光族""负翁""负婆"早已不是什么新鲜事了。有些年轻人有提前消费观念，导致消费比挣的多，到月底就背上了债务。要想摆脱"月光族"的命运，首先需要让自己树立起储蓄的意识，养成良好的储蓄习惯。

在储蓄时，若能科学安排，合理配置，既可以获取较高的利息收入，又可以在支取急需资金时减少利息损失。

年轻的小琳是个行动派，从来不做一夜暴富的白日梦，她很早就开始储蓄，积极打理自己的财富。她说，"留得青山在，不怕没柴烧。"储蓄就是青山，有了储蓄，就有了无限成功的可能。

通过储蓄，她已经积攒了一笔不小的财富，并用它们来进行股票和基金的投资。她对于理财，比对穿衣打扮还感兴趣，常常是拿储蓄的资金参与各种投资，像亲戚的店铺，朋友的小

地摊，都有她参与的股份，获得不少分红。

如今的小琳做了财务主管，有了主业的薪酬，再加上储蓄和投资的收入，她已经靠自己的能力买了一套小房子，在这个高房价的时代，着实令不少同龄人钦佩不已。

储蓄宜早不宜迟，越早储蓄，你就会越早得到积累的财富，越早拥有开展投资的经费。不要再相信"车到山前必有路"了，它带给你的只会是得过且过的平庸观念。所以，马上开始储蓄吧！时间是最大的资本，越年轻的人，越有机会存下更多的钱！理财初期，你的钱肯定很少，必须克制自己，先存钱，才能理财。

怎样才能养成良好的储蓄习惯？

一、积攒零钱

很多人自小就有很多零钱，但是却不会"高看"这些零钱想到要储蓄，总是把这件事延迟、延迟……结果到用钱的时候却发现自己手中没有攒下多少。喂养"小金猪"（储蓄罐）操作简单、效果也好。你可以买一只"小金猪"，然后每天都用"粮食"（一元的硬币）来喂养它。

二、为储蓄设定目标

把存钱的目的落实到纸上，然后把它放到日常生活容易看到的地方，使自己能时时看到目标，以起到提醒的作用。

三、银行储蓄

强迫储蓄对于一些消费自制能力相对较弱的人非常有效，

养成储蓄的习惯

储蓄宜早不宜迟，越早储蓄，你就会越早得到积累的财富，越早拥有开展投资的经费。

写出你的目标，增加存钱动力

是想换一所大点儿的房子？为孩子教育？或去投资？总之，把目标写下来，然后贴在你会经常看到的地方，提醒你时常想起你的目标，增加你存钱的动力。

坚持定期储蓄，让规划顺利进行

活期储蓄尤其是存在借记卡内的钱不经意间就会被花掉，因而不如把自己手中富余的现金存成定期。

定期核查对账单，信用卡要少用

如果有可能，减少你每月从信用卡中支取的金额，或者不到万不得已不用信用卡。

也就是说，每当你拿到薪水，就先抽出25%存起来，长期下来，就可以得到很好的结果。当然，具体方式可以不加限定，但你务必要在规定的日期内把钱存到银行，以形成坚持储蓄的良好习惯。

四、存折存储

要更好地储蓄，最好只有一张银行卡，而且尽量在卡里存少量的钱，其余的都选择存折存储。因为存折的取款方式相对来说比较麻烦，对控制取款有一定效果。

五、不时回顾

不时地看到自己的储蓄在一点点增加，体会数字逐渐变多的喜悦，你将会从储蓄中获得成功的乐趣。储蓄贵在持之以恒，时间久了，你便会感受到金钱得来不易。这些钱都是自己辛苦挣来的，一定要珍惜，不能随意无度地支配。

任何人的财富成就都不是一蹴而就的，都经历了一个由少到多、由小变大的持续积累的过程，每个人的财富实现都来源于良好的理财习惯。一夜暴富只是侥幸，细水长流才是正道。

不做零储蓄一族

随着经济环境的变化，勤俭储蓄的单一理财方式已无法满足一般人的需求，理财工具的范畴扩展迅速。配合人生规划，理财的功能已不限于保障安全无虑的生活,而是追求更高的物质和精神满足,是一种对自己人生和事业的规划,更是一种生活态度。所以对于储蓄,也应该有一个合理的计划和方法,才能确保自己的财富不会缩水。

从年龄上看,零储蓄族大多是30岁以下的年轻人,其中尤以女性居多。他们思想前卫,没有负担。他们追求情调,处处讲究,花起钱来无所顾忌。

洪小姐今年24岁,工作2年,月薪税后5000元,公司为其缴纳社保、公积金等,保障较为全面。洪小姐目前单身,无家庭负担,每月固定开支如下:房租1000元、通信费及交通费200元、餐费800元、购买日用品300元,每月开支合计2300元。她把剩余的钱几乎都花在聚会、看电影和购买一些新款衣服上面,完全没有理财的概念,成了名副其实的"月光族"。当有人建议她存些款为将来打算时,洪小姐认为:"挣钱就是为了花的,不趁着年轻享受生活,还有什么乐趣呢?一定要在最好的时光里尽情地享受。"于是,洪小姐心甘情愿地加入了"零储蓄"一族。

由于受到"先消费后还钱"观念的普遍影响,目前城市中有越来越多的年轻人加入"零储蓄族"的行列。"零储蓄族"大多受过良好的教育,有较为稳定的收入和不错的社会地位,但他们却很少储蓄甚至不储蓄。这主要是由于缺乏储蓄的观念造成的。缺乏对人生的风险意识,储蓄意识淡薄,使他们沉浸在各种时尚消费当中，如服饰、化妆品、健身以及旅游；他们学历偏高，对未来的人生充满着自信，舍得为自我价值的提升花费重金。"零储蓄族"易于接受新事物，喜欢引领时尚风尚，追赶时代潮流，因此也比较容易对负债消费产生很高的积极性。

"零储蓄族"虽然过着今朝有酒今朝醉的潇洒生活，令许多保守者好生羡慕，但是随着年龄的增长，需要承担的责任也越来越大，钱在生活中的重要作用也慢慢显现出来了。无论是维持一个家庭，生儿养女，还是买房子、买车子，没有储蓄都会寸步难行。

另外，不管"零储蓄族"的收入有多高，家底有多丰厚，但是不要忘记天有不测风云的常理！学历高的金领也存在失业的危机，有钱的生意人也会遇到经济不景气、经营不善或资金周转不灵的情况，身体再强健的人也会有生病的时候。当这些意外事件发生的时候，储蓄的钱就派上用场，它至少可以帮助你暂时地缓解危机。如果我们平时没有为未来做任何打算，只顾享受当下的生活，储蓄的账户上空空如也，那么一旦生活中不可预知的风险降临，你该如何去面对呢？

如果你每月固定从工资中提取10%～25%存定期，这并不会影响时尚消费及再教育投资。为什么不为自己储存必要的后备资金呢？如果你今天早晨还没有为你的未来生活担忧，那么好好想一想，赶快去储蓄吧，备用一笔钱是十分必要的。

储蓄存款具有很多其他投资工具不具备的优势,储蓄的重要性主要表现在安全性高、形式灵活、操作简易等方面。

首先,储蓄存款的安全性很高,风险也是所有投资产品中最小的,甚至可以说没有风险。这些优点对于相对保守的中国人不能不说是一种诱惑,因此,把钱存入银行就成为中国人对待家庭剩余财富的首要选择。另外,储蓄受国家法律保护,是最为安全可靠的理财途径。所以,只要我们选择可靠、合法的金融机构,储蓄就可以称得上是一种零风险的理财方式。

其次,储蓄存款的形式灵活多样,可供储户自由选择的余地很大。一般来讲,普通的家庭储蓄形式主要有活期、定期、零存整取、存本取息、整存整取、通知存款、定活两便等多个品种,储户可以按照自己的实际需要灵活地选择储蓄形式。另外,储蓄存款的形式灵活多样还表现在实际操作上,如果距离银行比较远,储户可以进行网上银行储蓄,足不出户就能选择储蓄形式以及查询相关信息,方便快捷。

那么,我们应该怎样储蓄存款才能使享受生活与储备未来和谐一致,使资金得到最合理的分配呢?

一般而言,一个家庭的储蓄存款额应该占这个家庭总收入的25%~30%,这样分配的储蓄存款才能起到规避金融风险、为家庭储备应急财产的作用。另外,我们一定要明确认识到,这部分储蓄是应对非常之需的,因此不能轻易动用,只有坚持"量入为出",才能积少成多,慢慢形成一笔可观的家庭财富。

享受生活很容易,但是钱夹空了以后该怎么办?一个有效的办法就是从现在就开始关注你的银行存款。存钱不是最终目的,储备你未来的人生才是关键。

制订合理的储蓄计划

日常生活中,不乏希望通过储蓄将小钱积少成多的人们。要知道"万丈高楼平地起",曾经的华人首富李嘉诚当年也有节省的好习惯,一步步才有了今天的财富帝国。制订储蓄计划是帮助大家做好建立自己财富帝国的第一步。

什么是实际利率?就是银行执行的存贷款利率(名义利率)与通胀率之差。专家称,实际利率才是真正衡量财富购买力的重要指标。如果银行存款利率是5%,而同期通胀率达10%,这时将钱存入银行就非常不划算。

对于毕业后工作1~5年的年轻人来说,这段时期的特点是:收入相对较低,而且朋友、同学多,经常聚会,还有谈恋爱的情况,花销较大。所以这段时期的理财不以投资获利为重点,而以积累资金或经验为主,这段时期的理财步骤为:节财计划→资产增值计划(这里的资产增值包含的范围比较广,可以有多种投资方式,视个人情况而定)→应急基金→购置住房。储蓄的战略方针主要是"积累为主,获利为辅"。根据这个方针我们具体的建议是分三步:存,省,投。

一旦做好了全面财务分析之后就可以着手做个人的储蓄计划了,那么,该如何制订合理的储蓄计划呢?

也许有人认为,银行储蓄的回报意义不大,其实不然。

随着时间长度的增加,活期存款与定期存款的收益,就会产生巨大的差距,倘若本金是10万元,那么20年后直接收益差距将达到4.8万元!这还不算这么长时间里4.8万多元可能创造的其他收益。想想你每天辛辛苦苦工作8小时也许就只有一两百元的收入,而花一点点时间到银行改变一下存款方式,将会轻松带来更多的收益。看到这里,相信你应该认识到每个月花一点点时间打理储蓄账户的重要性了。

在财富积累的过程中,储蓄的利率高低也很重要。当我们放假时,银行也一样在算利息,所以不要小看这些利息,一年下来也会令你有一笔可观的收入。仔细选择合适的储蓄利率,是将小钱变为大钱的重要方法。

储蓄是一种最安全的投资方式,这是针对储蓄的还本、付息的可靠性而言的。但是,储蓄投资并非没有风险,主要是指因为利率相对通货膨胀率的变动而对储蓄投资实际收益的影响。不同的储蓄计划所带来的储蓄利息收益是不同的。因此制订储蓄计划最终目的就是获得最多的利息收入,将储蓄风险降到最低。

合理的储蓄计划围绕的一点就是"分散化原则"。在具体的储蓄过程中,你首先要做的是分散储蓄期限。也就是说根据家庭的实际情况,安排用款计划,将闲余的资金划分为不同的存期,在不影响家庭正常生活的前提下,减少储蓄投资风险,获得最大的收益。其次,储蓄品种也要做到尽量分散。即在将结余资金划分期限后,对某一期限的资金在储蓄投资时选择最佳的储蓄品种搭配,以获得最大收益。最后,到期日要分散,即对到期日进行搭配,避免出现集中到期的情况。

在储蓄的具体操作过程当中,还需要依据个人和每个家庭的实际情况,来制订出适合自己经济状况的储蓄计划。

有不同的生活目标,就会有不同的理财方案,简单的几种方案经过不同比例的组合又会有许多种结果。储蓄保证你在工作初的几年里能够平稳地积累起进行下一步投资的"第一桶金"。要知道,不论你下一步是要进行教育投入(考研、读博、在职、出国),要做家庭组建投入(买房、装修),还是要进行创业投资,都离不开积累"第一桶金"的过程。存款储蓄,计划先行,为此,制订合理的储蓄计划是我们在为积累"第一桶金""打地基"。由此可见制订储蓄计划的重要性。

储蓄要诀:每月要先存款,再消费,千万不要等到消费完之后再存款。只有这样才能保证你的存款计划如期进行。

无论是哪种存款储蓄的方案,不仅需要根据个人的财务状况来制订，同时也需要根据国家的利率政策适时地做出调整。在预测到利率变化时，应及时调整计划。如果利率看涨时，选择短期的储蓄品种去存，以便到期时可以灵活地转入较高的利率轨道；如果利率看低时，可以选择存期较长的储蓄存款品种，以便利率下调时，你的存款利率不变。

储蓄理财——方向决定命运

很多人不敢追求成功，不是追求不到成功，而是因为他们没有向往成功的方向，无法正确定位自己的人生高度，而这个高度常常就在暗示着他们的潜意识：是该更努力地去创造财富，还是小富即安地过平凡的日子？没有方向的人生是可怕的，它会使你丧失创造财富的勇气；没有方向的理财规划更是不可想象的，它会使你养成不爱惜财富的陋习，最终与本可实现的美满人生擦肩而过。

一旦方向确定下来，我们所要做的就是一步步朝着这个财富的方向去实现自己的人生，在良好的习惯之下，创造自己富足的人生。

台湾著名企业家蔡万霖小时候，妈妈做饭时，总是从定量的大米中抓出一把米放进小坛子里，日积月累，竟节余下来许多粮食。每当青黄不接的时候，取出来供全家食用，可解燃眉之急。这件事给蔡万霖、蔡万春兄弟以深刻的启迪。

正是这个启示,使得蔡氏兄弟开创了一元钱开户的"幸福存款"储蓄运动,正是这个运动,使他们完成了原始积累。

储蓄其实是一种"积少成多"的游戏,不过在开始一盘游戏之前,也有些准备工作是非常必要的。正所谓不打无准备的仗,知己知彼,百战不殆。储蓄理财也是如此,事先对自身对形势都做好充分的判断,才有可能把握正确的方向,赢得理想中的丰厚利润。反之,不仅不会赢得利益,还有可能在无形中损失本钱。

专家为我们提出了在办理储蓄理财时要把握的四大方向。

一、明确自身存款的用途

明确存款用途是进行储蓄的大前提,是在选择储蓄种类时最重要的影响因素。通常情况下,居民的存款无外乎存款购物、旅行,为买房买车等大件消费做积攒,为子女的教育经费做准备,以及储备今后的养老资产等。这就要求我们根据存款的不同目的选择合适的储蓄方式和时间。如为子女今后的教育储备经费,可以选择利率相对较高的教育储蓄。把握好每一笔存款的目的,才不会发生影响自己利益的事情。

二、选择好储蓄的种类

日常生活中,工薪族往往会给家庭留下一定比例的薪水作为生活费用,这笔费用要求存取灵活,可选择活期储蓄;而长期不会动用的,如准备买房的积攒款项,则以利率较高的定期储蓄为佳。需要注意的是，定期储蓄也有不同的方式，做出正确的选择对利益目标的达成至关重要。如果将一笔大额资产存为一张存单或存期过长，遇到突发事件需要取用时，提前支取会造成利息的损失；相反，存期过短则利率太低，难以保值。

三、要把握好储蓄的时机

储蓄的好时机自然是利率较高的时候，而利率相对较低的时候则应选择凭证式国债或选择短期存款。短期存款并不要求储户频繁地去银行办理业务，而可以选择银行的预约转存业务，存款同样会按照约定自动转存。对于储蓄时机的把握要求对利率浮动的大方向有一定的了解。

四、选择最适合自己的储蓄机构

选择好了适当的时机，就该动身去银行了。不过如今银行机构众多，该选择什么样的银行？第一，应当从安全性的角度衡量。安全可靠，信誉度高，经营状况好，都是最基本的条件，这样的银行才能给我们的存款以安全保障。第二，硬件服务设施和服务态度也是重要的决定因素。第三即是银行所能提供的各种功能性服务。现今银行能提供的服务项目琳琅满目，日常生活中各种费用的缴纳都可以通过银行转账完成，选择一家对自身各种要求合适的、功能齐全的银行，才能更好地方便我们的生活。

你了解银行吗

银行就在我们身边，我们在日常生活中的储蓄存款、信用卡支付、转账、汇款、理财等，涉及"钱"的方方面面都离不开银行的服务，在现代社会，"无钱"寸步难行，而没有银行，钱就无法玩转了。虽然银行与我们的生活息息相关，但是你究竟了解银行多少？银行都可以为我们提供哪些服务？

第一，银行为我们提供薪水发放的服务，避免了现金往来的风险。

第二，银行还有不同种类的存款方式，如零存整取、活期储蓄、整存整取、支票存取、专项储蓄等。除活期存款可以随时存取现金外，定期存款还有3个月、6个月、1年、2年、3年等不同的期限和利率档次，每个人可依自己不同的需求进行选择。

第三，银行除存款以外还提供贷款的服务，如汽车消费贷款、购房贷款等。此外，在银行可办理代缴转账，即家里的水电费、电话费、信用卡消费的代缴等，都可由银行转账完成。

第四，汇款也是银行服务的一种，如要汇钱给别人或是转到某地，可以不必携带现金，直接将钱经过银行汇给对方。在此项服务中，银行只收取部分手续费，但避免了携带现金的危险。

第五，如果你要买外国的货币，或需带汇票、旅行支票出国，也可以通过银行办理；回国之后如果用不完，仍然可以通过银行兑换。

第六，支票服务。说起银行，就不能不提到支票。普通支票是生活的好帮手。有人以为支票只是生意人的玩意儿，但在欧美，很多人上超级市场买东西或吃饭等日常生活花费也都用支票，很少会用到现金。事实上，支票和信用卡一样普及，是日常必需品。

第七，挂失服务。和银行打交道，你还应该学会挂失。储户在银行或信用社的存款，唯一的凭据是银行存单或存折。支取存款时要凭存单或存折，如凭印鉴支取，还必须预留印鉴。一旦发现遗失，无论存折是否到期，都要持本人的身份证或工作证、单位介绍信等，到银行办理挂失手续。办理手续时要说明遗失原因，并提供原存款的时间、种类、金额、户名、账号及存入日期等有关情况，向原存款银行声明挂失止付。银行根据所提供的内容查找储蓄存单底卡，如存款确定未被领走，由储户填写"挂失申请书"，办理挂失止付手续。在办理手续七天后，由银行向储户补发新存折；凭印鉴支取的存单或存折挂失时，必须在挂失申请书上加盖印鉴。如存款在挂失前已被冒领，银行应协助查找，如未找到，银行不负责任。

人们对银行的依赖越来越强，只要和钱有关，就会和银行发生关系。随着科技的发展，银行的服务项目也逐渐增多，相信在不久的将来，只要你能想象到的钱财之事，都可以通过银行来完成。

如何挖掘储蓄品种的潜力

在大众还是将储蓄作为投资理财的重要工具的时期,储蓄技巧就显得很重要,它将使储户的储蓄收益最大化。以下对目前银行开办的储种——进行盘点,介绍如何挖掘储蓄品种的潜力。

存款的品种不同,利率也不同。在存款的时候,面对各种各样的储蓄品种,应该如何选择产品才最划算呢?

我国的人民币存款利率可分为:活期存款利率、定期存款利率、协定存款利率和通知存款利率。

一、活期储蓄潜力挖掘

活期存款用于日常开支,灵活方便,适应性强。一般应将月固定收入(例如工资)存入活期存折作为日常待用款项,以便日常支取(水电、电话等费用从活期账户中代扣代缴支付最为方便)。对于平常大额款项进出的活期账户,为了让利息生利息,最好每两个月结清一次活期账户,然后再以结清后的本息重新开一本活期存折。

二、整存整取、定期储蓄潜力挖掘

在高利率时代,存期要"中",即将五年期的存款分解为一年期和两年期,然后滚动轮番存储,如此可生利而收益效果最好。

在低利率时期,存期要"长",能存五年的就不要分段存取，因为低利率情况下的储蓄收益特征是存期越长，利率越高，收益越好。

对于那些较长时间不用，但不能确定具体存期的款项最好用"拆零"法，如将一笔5万元的存款分为0.5万元、1万元、1.5万元和2万元4笔，以便视具体情况支取相应部分的存款，避免利息损失。

要注意巧用自动转存（约定转存）、部分提前支取（只限一次）、存单质押贷款等手段，避免利息损失和亲自跑银行转存的麻烦。

三、零存整取、定期储蓄潜力挖掘

由于这一储种较死板，最重要的技巧就是"坚持"，绝不可以连续漏存。

四、存本取息、定期储蓄潜力挖掘

与零存整取储种结合使用，产生"利滚利"的效果。即先将固定的资金以存本取息形式定期存起来，然后将每月的利息以零存整取的形式储蓄起来。

五、定活两便存储潜力挖掘

定活两便存款主要是要掌握支取日，确保存期大于或等于3个月，以免利息损失。

六、通知储蓄存款存储潜力挖掘

通知存款最适合那些近期要支用大额存款但又不知道支用的确切日期的储户，要尽量将存款定为7天的档次。

七、教育储蓄存储潜力挖掘

开户时储户与金融机构约定每月固定存入的金额，分月存入，但允许每两月漏存一次。只要利用漏存的便利，储户就可以每年减少6次跑银行的劳累，也可适当提高利息收入。

我们在挖掘这些储蓄品种潜力的时候，要注意以下几个问题。

只用活期存款收益是最低的。有的人仅仅为了方便支取就把数千元乃至上万元都存为活期，这种做法当然不可取。而有的人为了多得利息，把大额存款都集中到了三年期和五年期上，而没有仔细考虑自己预期的使用时间，盲目地把余钱全都存成长期，如果急需用钱，办理提前支取，就出现了"存期越长，利息越吃亏"的现象。

在利率水平较高，或当期利率水平可能高于未来利率水平，即利率水平可能下调的情况下，对那些不具备灵活投资时间（如每天早出晚归的上班族）的人来说，继续转存定期储蓄是较为理想的。

在市场利率水平较低或利率有可能调高的情况下，对于已到期的存款，可选择期限较短的储蓄品种继续转存（不同期限转存，如3年定期存款满后改存半年定期存款，需要到储蓄机构办理手续），或等存款利率上调后，再将到期的短期定期存款改存为期限较长的储蓄品种。

总之，只要储户根据利率的水平及变动趋势进行合理分析判断，并结合本人的实际情况，较好地选择储蓄品种，就能够在一起程度上规避利率波动的风险，从而获取较高的收益。

一个存折 vs 多个存折

大部分老百姓习惯将每月的节余积攒到较大数额再存定期，其实，闲钱放在活期账户里利率很低，积攒过程中无形损失了一笔收入，不妨利用"十二存单法"，让每一笔闲钱都生息。操作上，可将每月节余存一年定期，这样一年下来，就会有12笔一年期的定期存款。从第二年起，每个月都会有一张存单到期，既可应付急用，又不会损失存款利息。另外还可以续存，同时将第二年每月要存的钱添加到当月到期的存单中，继续滚动存款。这样，如果每月节余1000元，一年攒下12000元，活期收益仅86.4元，按"十二存单法"操作，按一年期利率3.6%，可得利息432元。

例如：如果你每月的固定收入为2500元，可考虑每月拿出1000元用于储蓄，选择一年期限，通过这样的储蓄方式，在一年当中，你将会持有12笔不同到期时间的定期存款。在第一张存单到期时，取出到期本金与利息，和第二期所存的1000元相加，再存成一年期定期；以此类推，你会时时手中有12张存单。一旦急需，可支取到期或近期的存单，减少利息损失，充分发挥储蓄的灵活性。

小郭和爱人今年都刚过30岁，每人每个月都有一万多元的工资收入。以前，觉得挣的钱少，不值得理财。后来两家老人经常生病住院，小郭夫妻俩为老人花了不少钱。但是，在这种情况下，夫妻俩还是买了房子，这多亏小郭充分利用了"十二存单法"。

小郭认为，除必要的开支之外，剩余的钱对于工薪家庭来说放在银行里是最有保障的。她将这部分钱分作两部分，25%存为活期以备不时之需，75%存成定期，而且是存一年的定期。

对于这样存钱，小郭有自己的想法。第一，是一年期的定期与零存整取相比起来利息要高一些。第二，一旦急需用钱，动用零存整取就意味着前功尽弃，而定期存单可以根据需要用钱的数目及存单到期的先后顺序去动用，这样就不会使其他的定期存款受影响。第三，到期时，零存整取意味着相对的一大笔钱到期，这时会很容易让人产生购物的冲动，定期一年的存单，因为每笔的数额都不大，这种冲动就小多了。第四，零存整取是一次性到期，除了那个月有点惊喜，其他时间应该就没有什么感觉了。定期的存单可不一样了，到了第二年每个月都有存单到期，每个月都有惊喜。

然后，从第二年起，小郭就把每个月工资的75%和当月到期的存单一起再存成一年的定期。

除固定的工资收入之外，过年过节的分红、奖金一类的数额较大的收入,更要计划好如何去存储。小郭的做法是不要存成一张定期存单,而是分成若干张,例如:1万元存一年,不如分成4000元、3000元、2000元、1000元各一张。为什么?当然也是为了应付不时之需了,需要1000元时,就不要动其他的,需用5000元时就动用4000元加1000元(或3000元加2000元),总之动用的存单越少越好。

  小郭理财成功主要是因为合理地规划了家庭开支,其次,她的存款方式合理。其实,小郭的存款方式就是"十二存单法",它在实际生活中会收到意想不到的效果。这种储蓄方式很适合年轻家庭,操作起来简单、灵活,既能有效地累积家庭资产,又可以应对家庭财务中可能出现的资金短缺问题。

  如果开通自动转存业务,约定当活期账户资金达到2000元时,银行自动将该笔资金转存为1年期的定期存款,更能免去每月跑银行的麻烦。以后,还可以考虑将定存期限适当延长,这样可以提前锁定收益所得,避免了利率下调带来的利息损失。

第六章

玩转理财工具，
打造永不休息的赚钱机器

养只金"基"下"金"蛋

在物价持续涨而不落的大背景下，越来越多的人开始关注投资基金，把自己积攒多年的银行存款拿出来交给基金专家打理。这种投资方式比股票投资稳定得多。

在所有的投资项目中，利润与风险都是成正比的：炒股获利最多，但风险最大；储蓄获利较少，但风险也最小。如果把股票与储蓄的优势集中在一起，采取"取长补短"的形式，就形成基金的优势了。

说起基金市场，它在我国存在的年头虽然不长，但是已经有了巨大的发展。如今，走在路上，大家的话题都开始围着基金打转，可能你也已经开始接触基金了，但你是否真正地了解它？是否知道基金的定义？

基金是指通过发售基金份额，将众多投资人的资金集中起来，形成独立财产，由基金托管人托管，基金管理人管理，是一种实行组合投资、专业管理、利益共享、风险共担的集合投资方式。通俗地说，就是将投资大众的闲置资金交由专家管理，由他们凭专业知识进行专业理财。如果赚钱则剔除相关的费用后，按份额将盈利以不低于90%的比例分配给投资人，而且依目前的法律必须用现金分配；如果亏损，投资人按份额承担损失。

基金作为投资品种中的一种，通过向社会公开发行基金单位筹集资金，并将资金用于证券投资。基金单位的持有者对基金享有资产所有权、收益分配权、剩余财产处置权和其他相关权利，并承担相应的义务。

基金的出现标志了金融业的成熟，由于自身的优势，越来越引起广大投资人的关注。现在，许多投资人因为高风险而不欣赏股票，又因低收益而不喜欢储蓄。基金刚好能够综合前两者的优势，于是国内很快就掀起了一阵购买基金的热潮。

陈先生是个有名的车迷，很早以前就有买车的想法。从动了念头的那天开始，他便学开车、拿驾照，逛车市、看车展，总之，只要是和车有关系的，他都会关注。

原本，这是件家人都大力支持的事情，可是家里资金紧张，就一而再再而三地往后推，总也买不成。买车就成了陈先生的心病。

后来，事情才有了转机，当时股市开始走牛，他有很多朋

辨别基金优劣的三种方法

要看基金客户关系的管理

对于那些客户关系名声不好的基金，我们要选择回避。

要评估基金本身的风险

避免购买高风险的基金。在买入基金之前评估一下基金本身的风险。

通过基金费用比率辨别

我们投资于低收费的基金可以提高投资的成功率。那些最便宜的基金的表现也有可能超越相同类别的处于费用最高位置的基金。

友靠基金赚了钱。他想：为什么不试试投资基金？于是他立刻行动起来。

他发现当时南方高增的行情非常看好，立刻就投入了2万元，果然，不长时间，他的钱就到了5万元。见到收获颇丰，他立即又买了几只当时比较好的基金，如中邮核心、嘉实300等。在不到3年的时间里，就基本凑足了买车的钱。随后，陈先生就拿着钱，兴高采烈地跑到车展会上选购了一台心仪已久的车。

投资基金使陈先生成为有车族，实现了他的梦想。

当我们的资产略有剩余时，为求安全保障，将自己积攒多年的银行存款拿出来交给基金专家打理，不失为一种良好的投资理财方式。

与股票、债券、定期存款、外汇等理财工具一样，基金也为投资者提供了一种投资渠道。那么，与其他的投资工具相比，证券投资基金具有哪些好处呢？

一、稳定的投资回报

举个例子，在1965年到2005年的41年的时间里，"股神"巴菲特管理的基金资产年平均增长率为21.5%。当然，对于很多熟悉股市的投资人而言，一年21.5%的收益率可能并不是高不可攀，但问题的关键是，在长达41年的周期里能够持续取得21.5%的投资回报。按照复利计算，如果最初有1万元的投资，在持续41年获取21.5%的回报之后，拥有的财富总额将达到2935.13万元。

二、基金具有专业理财的强大优势

有统计数据显示，在过去的十几年时间里，个人投资赚钱的比例占不到10%，而90%以上的散户投资都是亏损的。正是在这种背景下，基金的专业理财优势逐步得到市场的认可。将募集的资金以信托方式交给专业机构进行投资运作，既是证券投资基金的一个重要特点，也是它的一个重要功能。

三、基金具有组合投资与风险分散的优势

根据投资专家的经验，要在投资中做到起码的分散风险，通常要持有10只左右的股票。然而，中小投资人通常没有时间和财力去投资10只左右的股票。如果投资人把所有资金都投资于一家公司的股票，一旦这家公司破产，投资人便可能尽失其所有。而证券投资基金通过汇集众多中小投资人的小额资金，形成雄厚的资金实力，可以同时把投资人的资金分散投资于各种股票，使某些股票跌价造成的损失可以用其他股票涨价的盈利来弥补，分散了投资风险。

四、在生活质量的提升和财富的增长之间形成良性循环

在海外，往往越富裕的群体投资基金的比例越高，而且持有期限越长，甚至一些商场高手或颇具投资手段的大企业领导人也持有大量的基金资产。在他们看来，自己并不是没有管理财富的能力，但相比之下，他们更愿意享受专业分工的好处，把财富交给基金公司这样的专业机构管理。虽然要支付一定的

费用，但却可以取得一定程度超越市场平均水平的回报。更重要的是，他们获得了更多的时间去享受生活，这种生活质量的提高又会提升他们本职工作的效率，增加自己的收入，最终在生活质量的提升和财富的增长之间形成了一种良性的循环。

实践中，基金投资已经日渐成为很多人的首要理财方式。

如果你没有足够的时间打理现金资产，没有充分的金融投资知识，没有大量精力关注股票，又期望得到长期稳定收益，就投资基金吧。投资基金会让你从小风险中收获大回报。

富贵"股"中求

投资股票是成就财富梦想的一种有效的渠道，更是一种让人心跳加速的理财方式。也许你昨天不名一文，今天却一夜暴富；也许你昨天身价百万，今天却一贫如洗。这就是股票的魅力，它的变现性强，投机性大，风险也大。

然而，纵然股票有如此大的风险，还是获得了很多投资人的青睐。随着我国经济的稳步发展，投资股票的人越来越多，股票投资已成为普通百姓的最佳投资渠道之一。

投资实践中，为什么越来越多的人对股票投资青睐有加呢？股票投资都有哪些与众不同的特点呢？

股票作为一种高风险、高收益的投资项目，具体来说，它有以下特点。

1. 变现性强。可以随时转让，进行市场交易，换成现金，所以持有股票与持有现金几乎是一样的。

2. 投机性大。股票作为交易的对象，对股份公司意义重大。资金实力雄厚的企业或金融投资公司大量买进一个公司的流通股和非流通股，往往可以成为该公司的最大股东，将该公司置于自己的控制之下，使股票价格骤升。相反的情况则是，已持有某一公司大量股票的企业或金融投资公司大量抛售该公司的股票，使该股票价格暴跌。就这样，股票价格的涨跌为投资人提供了赢利机会。

3. 风险大。投资人一旦购买股票便不能退还本金，因而具有风险性。股票投资人能否获得预期报酬，直接取决于企业的赢利情况。一旦企业破产，投资人可能连本金都保不住。

股票投资同其他投资项目比起来有很多优势。

首先，股票作为金融性资产，是金融投资领域中获利性最高的投资品种之一。追求高额利润是投资的基本法则，没有高利润就谈不上资本扩张，获利性是投资最根本的性质。人们进行投资，最主要的目的是获利。获利越高，人们投资的积极性就越高；获利越少，人们投资的积极性就越低。如果某一种投资项目根本无利可图，人们即使让资金闲置，也不会将资金投入其中。当然这里所说的获利性是一种潜在的获利性，是一种对未来形势的估计。投资人是否真能获利，取决于投资人对投资市场和投资品种未来价格走势的预测水平和操作能力。

其次,股票投资的可操作性极强。在金融性投资中,股市的可操作性最强,不仅手续简便,而且时间要求不高,专职投资人可以一直守在证券交易营业部,非专职股民则比较灵活,一个电话即可了解股市行情,进行买进卖出,有条件的投资人还可以直接在家里或在办公室的网上获知行情。而且投资于股票几乎没有本钱的限制,有几千元就可以进入股市。在时间上完全由投资人个人说了算,投资人可以一直持有自己看好的股票,不管持有多长时间都可以,炒股经验一旦学到手便可以终身受益。

从实践中来看,股票投资纵然有很多投资上的优势,然而我们不能忽视的另一方面是风险。在股票投资这个大市场中,有太多荣辱浮沉的故事,尤其对中国股市而言,各种悲喜故事就更多了。当然,这并不是说在中国就不能进行股票投资,只是说对于没有掌握投资规律的人而言,如果想要进行股票投资,尤其要小心谨慎。要想炒股还要先给自己上一课。

如果你是刚刚入市的新股民,一定要遵守以下10大守则:

1. 入市初期,不要立即实盘操作。
2. 不要借债,不要透支。
3. 不要听小道消息炒股。
4. 不要对股市期望过高。
5. 要重视修身养性。
6. 认真系统地学习相关知识。

7. 不要有侥幸的赌博心理。

8. 坚强不屈,百折不挠。

9. 勇于认错,知错就改。

10. 要有风险意识。

知道了做股民的10大守则,如何适当地买入并卖出自己的股票呢?股市受战争、政治及一些意外因素影响很大,但这些因素对股市的影响是一时的。在国家稳定时期,购买时机是占重要地位的。股市上有句谚语:"不要告诉我什么价位买,只要告诉我买卖的时机,就会赚大钱。"因此对于股票投资者来说选择买入时机是非常重要的。买入时机因投资时间长短、资金多少等因素有所不同,但也是有规律可循的。

1. 当有坏消息如利空消息等传来时,由于投资者的心理作用,股价下跌得比消息本身还厉害时,是买进的良好时机。

2. 股市下跌一段时间后,长期处于低潮阶段,但已无太大下跌之势,而成交量突然增加时,是逢低买进的佳时。

3. 股市处于盘整阶段,不少股票均有明显的高档压力点及低档支撑点可寻求,在股价不能突破支撑线时购进,在压力线价位卖出,可赚短线之利。

4. 企业投入大量资金用于扩大规模时,企业利润下降,同时项目建设中不可避免地会有问题发生,从而导致很多投资者对该股票兴趣减弱,股价下跌,这是购进这一股票的良好时机。

5. 资本密集型企业，采用了先进生产技术，生产率大大提高，从而利润大大提高的时候，是购买该上市股票的有利时机。

选择好的时机买进股票难，但在好的时机卖出股票更难，因此，卖出股票也必须掌握一定的技巧，否则不仅不能赚钱，还可能无法脱手。

1. 买进股票一周后，价格上涨了50%以上，此时出售，投资收益率远高于存款利率，应当机立断，该出手时就出手。

2. 长期上涨的行情，要适可而止，切莫贪心，赚一倍即出手。

3. 突然涨价的股票，并且涨幅较大，应立即脱手。在这种情况下，股价很可能受大户操纵，若不及时出售，一旦大户抛售完手中的股票就将悔之晚矣，再想卖出就困难了。

4. 股价上涨后，行情平稳之际宜卖出股票；成交量由增转减时，宜卖出股票。

5. 视具体情况而定，对各种不同类型的股票加以灵活对待。

炒股是一门很深的学问，只有在实践中练习才能游刃有余。

第七章

30年潮起潮落，抓住属于自己的财富机会

瞬间机遇，永恒回报

苏格拉底曾断言："最有希望的成功者，并不是才华最出众的人，而是那些最善于利用每一时机发掘开拓的人。"我们和机遇相随而行，但我们往往与机遇擦肩而过。抓住机遇的，一举成功；放弃机遇的，终身悔恨。从某种意义上来说，机遇也决定着我们投资的成败。在商业投资中，能够抓住瞬间的机遇，就有可能获得丰厚的利润回报。

比尔·盖茨是一个善于把握时机的天才，他曾经感慨地说："时机就是一种巨大的财富，抓住机遇，就能成功。"

在一次与IBM公司决定命运的会议上，计算机产业或者可以说整个商业领域的未来被改写了。事情大大出乎人们的意料。蓝色巨人公司的主管与西雅图的一家小软件公司签约，为自己的首部个人电脑开发操作系统。他们以为这仅仅是向小合

同商外购不重要的部件的举动。毕竟，他们做的是计算机硬件生意，硬件才是利润的竞争所在。但是他们错了，世界将要改变。在毫不知情的情况下，他们就把自己的市场统领地位拱手让给比尔·盖茨的微软公司了。

在很大程度上比尔·盖茨利用了IBM，但是与微软公司的这项签约决定不过是蓝色巨人所犯的一系列错误中最严重的一个，也是因为当时的IBM狂妄自大造成它后来错失了大好的商业良机，从而成就了微软的巨轮出海。

盖茨是幸运的，但是如果同样的机会落到其他人身上，结果也许就大不相同了。IBM挑选了比尔·盖茨，这个非常懂得把握机会、创造机会的人，在关系到一生的重大时机前，抓住了最重要的部分。IBM所忽视的也正是盖茨所清晰认识到的，计算机世界正在发生着翻天覆地的变化，这被管理理论家称为转型时期。从某种程度上，盖茨了解到软件而不是硬件是未来发展的必争之地，这是IBM墨守成规的主管们所无法了解到的。盖茨也了解到IBM将要求它的灵魂人物——市场部经理来为软件运行建立一个统一的操作平台，这个操作平台将以盖茨从其他公司购买的名为Q-DOS的操作系统为蓝本，而微软早已把Q-DOS改名为MS-DOS。但在当时，即使是盖茨也没想到这次交易给微软带来多么丰厚的利润。可见抓住瞬间的机遇可能会带来意想不到的丰厚回报。

美国有一句著名的格言说："要想改变世界，首先改变你自己。"要改变自己，就要抓住生活赐给自己的一切机遇。那么何谓机遇？简单说机遇就是时机或者机会。

在经济发展过程当中，形势可以说是瞬息万变的。市场在变革的时候往往都蕴藏了巨大的商机。在复杂的形势面前，抓住机遇的人有可能会腾空万里，而错过机遇就有可能会被超越、被边缘化，甚至面临被淘汰的危险。因此机遇可以说是一把双刃剑，它能爆发巨大的能量，既可以成就伟业，同时它对于不懂得把握机遇的人来说，也可以带来巨大的打击。

机遇之所以成为成功的关键，是因为在客观条件下，一个人的成功要凭借的不只是自己的主观努力，更需要能带来成功的客观形势。东汉末年东吴著名将领周瑜就曾慨叹过：万事俱备，只欠东风。古人如此，今人依然。我们的主观努力就是要充分发挥外界条件的最大优势。所以说无论成功的人是处于优势还是劣势，他之所以取得成功正是由于外界机遇的存在，而自身的努力将成为加快成功的强大助推器。可以说，能否抓住机遇是决定成功与否的关键因素。

作为投资者，在平时就应该有意识地去培养发现机遇、把握机遇，甚至是创造机遇的能力。抓住机遇不仅要具备审时度势、超前预测、看准时机的能力，更要懂得在寻觅和把握机遇过程中，学会推销自己的道理。因为机遇只会光顾那些积极主动去寻求的勤奋探索者，而不是恩赐给守株待兔、懒惰等候的人。

机遇对于成功是如此重要，懂得紧紧抓住机遇的人，才有希望摘取胜利的果实。抓住机遇，就要勇敢地以自己的最佳优势迎接挑战，力求选择最佳方案，然后积极地付之于行动。

比尔·盖茨无疑是幸运的人，但是我们不要忘记，机遇总是偏向于有准备的头脑并且善于把握机遇的人！

机遇总是留给有准备的人

在成功的道路上，有的人不愿走崎岖的小道，遇到艰辛或绕道而行，或望而却步，他们常与机遇无缘；而另一些人，总是很有耐性，尝试着解决难题，不怕吃千般苦、历万道险，结果恰恰是他们能抓住"千呼万唤始出来"的机遇。

一位老教授退休后，巡回拜访偏远山区的学校，将自己多年的教学经验与当地老师分享。由于老教授的爱心，所到之处皆受到老师和学生的欢迎。

有一次，当他结束在山区某学校的拜访行程，欲赶赴他处时，许多学生依依不舍，老教授也不免为之所动，当下答应学生，下次再来时，谁能将自己的课桌椅收拾整洁，就送给谁一个神秘礼物。

在老教授离去后，每到星期三早上，所有学生一定会将自己的桌面收拾干净，因为星期三是教授前来拜访的日子，只是不确定教授会在哪一个星期三来到。

其中有一个学生的想法和其他同学不一样,他一心想得到教授的礼物,生怕教授会临时在星期三以外的日子来到,于是他每天早上,都将自己的桌椅收拾整齐。随时准备迎接教授的光临。

但往往上午收拾妥当的桌面,到了下午又是一片凌乱,这个学生又担心教授会在下午来到,于是在下午又收拾了一次。可他想想又觉得不安,如果教授在一个小时后出现在教室,仍会看到他的桌面凌乱不堪,便决定每个小时收拾一次。

到最后,他想到,若是教授随时会到来,仍有可能看到他的桌面不整洁,终于,学生想清楚了,他无时无刻不保持自己的桌面整洁,随时等候教授的光临。

老教授虽然没有带着神秘礼物出现,但这个学生已经得到了另一份奇特的礼物。

有许多人终其一生,都在等待一个足以令他成功的机会。而事实上,机会无所不在,重点在于:当机会出现时,你是否已经准备好了。

机遇是一种重要的社会资源。它的到来,条件往往十分苛刻,且相当稀缺难得。要获得它,需要相当充足的实力、雄厚的才能功底。机遇相当重情谊,你对它倾心,它也会对你钟情,给你报答。但机遇绝不轻易光顾你的门庭,不愿意花费"投入"的人,也决然得不到它的偏爱与回报。喜剧演员游本昌深有所悟地说:"机遇对每个人都是相等的,当机遇到来时,早有准备的人便会脱颖而出;而那些没有任何准备的人,只能看着机会白白地流失。"

年轻人要明白机遇绝非上苍的恩赐,它是创造主体主动争来的。机遇是珍贵而稀缺的,又是极易消逝的。你对它怠慢、冷落、漫不经心,它也不会向你伸出热情的手臂。主动出击的人,易俘获机遇;守株待兔的人,常与机遇无缘,这是普遍的法则。你若比一般人更显出主动、热情的话,机遇就会向你靠拢。我们人生就是由机遇串联而成。一个幸运的人,会抓住人生的每一次机会,勇于挑战,让它们汇接成人生最美丽的画卷。

想要迎接更多的幸运,我们就应该为时刻可能出现的机遇做好准备,并牢牢地抓住它。对机遇的追求,就是对成功的追求,也是对你人生负责的态度。这需要你主动出击,想做抓住机遇的幸运儿,不妨尝试运用下面的一些方法:

1. 做个主动的人。要勇于做事,做个真正在做事的人。

2. 用行动来克服恐惧,同时增强你的自信。怕什么就去做什么,你的恐惧感自然就会消失。

3. 培养主动的精神,不要一味坐等。主动一点,你自然会精神百倍。

4. 时刻想到"现在"。"明天""下礼拜""将来"之类的词跟"永远不可能做到"意义相同,要转变为"我现在就去做"。

如何让投资真正融入你的生活?

经常学习有关投资的知识

如经济学的一些基础知识、进行财务分析及技术分析时所需要的基础知识等,这样利于自己选择投资方式。

找准自己的投资定位

要根据具体情况,明确适合自己定位的投资策略及投资方法,采取适合的投资策略及投资方法。

有一套系统的投资方法

我要制订一套系统的投资规划。

系统的投资体系包括一系列明确而具体的决策规则。比如,投资品种的选择搭配,投资时点的选择等。

具有良好的心理素质

优良心理品质是投资成功的关键。要在实践中不断地自我反省,控制自我的消极影响,勇敢而乐观地面对现状。

在日常生活和工作活动中，机遇不会时时光顾你，消极等待只是徒劳；只有主动寻找机遇、迎接机遇，才能为自己赢得一份成功的把握。

机会更看好有长远眼光的人

随波逐流是落叶的命运，因为它的前途，是完全由风和流水来决定的。然而，我们却可以自己来主宰命运前途。抓住人生中的每一次机遇，不必在静止中等候命运的安排。当风浪来临，你可以乘着急流去寻更大的机遇、更广阔的空间。因此，面对风浪，我们所需要做的，就是要具备看到胜利的长远眼光，并且坚定地游向成功的彼岸。

有不少人对眼前的机会总是不屑一顾，他们认为：第一，希望微小的机会，实现成功的可能性并不大；第二，如果去追求万分之一的机会，倒不如买一张奖券碰碰运气；第三，根据以上两点，只有傻瓜才会相信万分之一的机会。而那些创造过奇迹的成功者的看法却不同，机会是永远只留给那些相信奇迹并肯为之努力的人。

有一次，但维尔地区经济遭遇到了大萧条，不少工厂纷纷倒闭，市场上人们疯狂地贱价抛售自己堆积如山的存货。那时的约翰·甘布士还只是一家织造厂的小技师。他马上把自己多年的积蓄拿出来收购低价货物,人们见到他的举动,都公然嘲笑他是傻瓜!

约翰·甘布士并不在乎别人对自己的嘲笑,依旧收购各工厂抛售的货物。因为甘布士历年的积蓄数量有限,而且是留给子女的教育费。如果血本无归,后果简直不堪设想。他的妻子劝说他,不要把这些别人廉价抛售的东西购入。

对于妻子的不安,甘布士则安慰她道:"看着吧,几周之后,我们就可以靠这些廉价货物发大财。"

结果过了10多天后,大量工厂贱价抛售也找不到买主的货物开始被大量地焚烧掉,以此稳定市场上的物价。甘布士的话看来根本无法兑现了。可没过几天,转机终于出现了。美国政府采取了紧急行动,稳定了但维尔地区的物价,并且大力支持那里的厂商复业。这样一来,但维尔地区因焚烧的货物过多,存货欠缺,物价一天天飞涨。约翰·甘布士马上把自己库存的大量货物抛售出去,一来赚了一大笔钱,二来使市场物价得以稳定,不致暴涨不断。所有人都开始对甘布士刮目相看了。

如今的甘布士已成为全美举足轻重的商业巨子了,拥有亿万的财富。他在给青年人的一封公开信中诚恳地说道:"亲爱的朋友,我认为你们应该重视那万分之一的机会,因为它将给你带来意想不到的成功。有人说,这种做法是傻子行径,比买奖券的希望还渺茫。这种观点是有失偏颇的,因为开奖是由别人主持,丝毫不由你主观努力;但这种万分之一的机会,却完全是靠你自己的主观努力去得到。"

看得远些才能把机遇变成财富,而在通往失败的路上,处处都是错失的机会。美国的百货业巨子甘布士在总结他成功的经验时,认为通往成功的道路其实极其简单:"不放弃任何一个哪怕只有万分之一可能的机会。"

能够把握万分之一的机会的人毕竟是少数。那么我们该如何成为能够抓住万分之一机会的幸运儿呢?

首先你需要具备长远的目光。鼠目寸光就只能被树叶遮住眼睛而忽略了整片森林。光有长远的眼光还不够,你必须锲而不舍,有不达目的誓不罢休的坚强意志。没有持之以恒的毅力和百折不挠的信心是无济于事的。假如这些条件你都具备了,只要你付诸行动,终有一天你会叩开成功的大门。

要在商业活动中有所作为,随波逐流总是收效甚微的。做一个理智的投资者,把你的目光放得更长远些,你才可以不为一时的得失所迷惑,凭借着坚强的意志,在成功的道路上走得更快更远。

投资要认准机会成本

在人的一生中可能有许多机会,但决定航向的机会也许只有几次。面对人生的十字路口,我们只能选择走一条路,当我们选择这一条时,就意味着对其他的放弃。无论你做出什么样的选择,你都是对一次机会成本的选择和利用,而成功与否的关键就在于你做出了什么样的选择。

在20世纪90年代末,很多农村人外出打工,其中有两个同乡小伙子在火车站里相遇。一个人打算去北京,另一个人打算去上海,因为座位临近,便聊了起来。

邻座的人议论说,上海人精明,有时外地人问路都收费;北京人质朴,对吃不上饭的人不仅给馒头,还送旧衣服。

去上海的人想还是去北京好,挣不到钱也饿不死,幸亏还没走,不然到了上海可怎么生活啊?去北京的人想,还是上海好,给人带路都能挣钱,还有什么不能挣钱的?幸亏还没上车,不然真失去一次致富的机会了。

就在火车进站的前十分钟,他们临时改变了主意,将票互换。原来要去北京的得到了上海的票,要去上海的得到了去北京的票。

去北京的人发现,北京果然好。他初到北京的一个月,什么都没干,竟然没有饿着。银行大厅里的水可以白喝,大商场里供品尝的点心也可以白吃。去上海的人发现,上海果然是一个可以发财的城市,做什么都可以赚钱。带路可以赚钱,看厕所可以赚钱,弄盆水让人洗脸也可以赚钱。只要想点办法,再花点力气,就可以赚钱。

5年后,去上海的人通过自己的不断努力,抓住了每一次获得财富的机会，成了一家有150名员工的清洗公司的老板。

不久，他坐火车去北京考察清洗市场。在北京车站，一个捡破烂的人把头伸进软卧车厢，向他要一个啤酒瓶时，两人都愣住了，因为5年前，他们曾换过一次票。

当年两个一样一无所有的人，却因为换了一次票，走上了完全不同的人生道路，一个成为老板，一个成为乞丐。故事里两个人之所以会有那么大的差距，是因为他们各自抓住的机会成本不同。

机会成本这个概念在经济学上是一种非常特别的、既虚又实的成本。它是指一笔投资在专注于某一方面后所失去的在其他方面的投资获利和你为了从事这件事而放弃的其他事情的价值。

假设你获得了一张王菲演唱会的免费门票。这张门票是不可以转售的。而大歌星陈奕迅也在当晚举办个人演唱会，你也很想去。陈奕迅的演唱会票价为200元。当然，你别的时候去看他的演出也行，但你的心理承受价格是300元。换言之，要是陈奕迅演唱会的票价高过300元，你就情愿不看了，哪怕你没别的事要做。除此之外，看两人的演出并无其他成本。试问，你去看王菲演唱会的机会成本是多少？去看王菲的演唱会，唯一必须牺牲的事情就是去看陈奕迅的演唱会。不去看陈奕迅的演唱会，你会错失对你来说价值300元的表演，但同时，你也省下了买陈奕迅演唱会票所需支付的200元。所以，不去看陈奕迅演唱会，你放弃的价值是300-200=100（元）。如果你觉得看王菲的演唱会至少值100元，那你就应该去看；要不然，就去看陈奕迅的演唱会。

在投资过程中，我们会遇到很多的选择机会，为了做出合理的决策，我们必须要考虑到可供选择方案的成本和收益。但是，在很多情况下，这种行为的成本并不是很明显就能看出来的，此时就要慎重衡量考虑了。

作为一个投资者，应根据自己的实际情况选择合适的投资方式。比如，那些喜欢刺激，把冒风险看成是生活中一项重要内容的人，可选择投资股票；拥有坚定的目标，讨厌变化无常的生活，不愿意去冒风险的人，可选择投资国债；对于干劲十足，相信自己的未来必须靠自己艰苦奋斗的人来说，投资房地产是一个不错的选择；对在生活中有明确的目标，信心坚定的人来说，最好的选择是储蓄；生活严谨，有板有眼，不期望发财，满足于现状的人，则可选择投资保险；审美能力强，对时髦的事物不感兴趣，对那些稀有而珍贵的东西则爱不释手的人，宜投资收藏。

最后还要说明一点，喜欢与擅长是两码事。喜欢什么投资，或者认为什么投资好，除选准的投资对象有无投资价值外，还要注意自己的兴趣和专长。有的人投资房地产如鱼得水，但投资股票却连连亏损。

在我们衡量机会成本的效益时，不仅要看眼前的得失，更要放眼一生考察机会成本的意义。机会随时会出现，随时也会溜走，要想抓住它，你就需要在关键的时刻做出正确的选择。不要让犹豫不决浪费了获得竞争优势地位的最好时机。

祸患也可能带来商机

不少投资者都认为，危机是相当可怕的，因为它会给事业的发展带来严重的逆势。但是对于一个想成为财富拥有者的人而言，他们获得成功的关键往往就在于善于抓住祸患中的商机，在危机中求得发展。

1982年9月，美国芝加哥地区发生病人服用药品中毒死亡事故，死亡人数从最初的3人，变成谣传250人。全美国超过90%的消费者也同时知道一件事——病人是服用美国琼森公司生产的泰诺药片而中毒死亡的。

面对危机，琼森公司表现了非常积极的态度。他们马上在首席执行长吉姆·博克的领导下成立应变小组，抽调大批人马对所有药片进行检验。在紧张的工作下，应变小组对全部800万片药剂进行检验，调查的结果是，受氰化物污染的药片只有70多片，并且全部在芝加哥地区，没有蔓延到全美国，死亡人数也只有7人。

虽然只死了7个人，但琼森公司仍启动公司的最高危机处置方案。他们首先考虑的是公众和消费者的利益，不惜回收药品，造成琼森公司上亿美元的严重损失。琼森公司选择让自己承担巨大损失，使他人免受伤害，他们用"一切以公众和消费者利益为首要"的原则，拯救了公司的信誉。美国琼森公司对此次事件的处理，也赢得公众和舆论的广泛同情。

琼森公司最后不但没有在危机中倒下，反而因本着自身强烈的社会责任感处理危机，而获得消费者的赞扬，公司还因此获得美国公关协会颁发的银钻奖。

危机的危害性在于它绝对不会按规定的方式出牌，因此危机可以随意地给投资者带来致命的打击，无论是你创办的企业，还是你购买的股票，都可能在一夜之间灰飞烟灭。所以说越是在顺利的时候，就越应该具有忧患意识。只有做充分的事前准备才有可能在危机中具有趋利避害，将劣势转化为优势的力量。

危机的到来具有许多方面的不确定性因素，任何人都无法完全避免危机的出现。有的危机是自身的缺点所导致的，有的危机却是竞争对手恶意制造的；有的危机产生于自然原因，而有的却是社会、经济等多方面因素共同造成的。有的危机可能会带来一些小的损失，并很快渡过，而有的危机却是一场可怕的灾难，进而会对发展造成重大影响。虽然危机的到来无法预知，但我们却可以用科学的方法进行有效的预测。

积极地应对危机首先提高自己应对危机的能力，这就需要我们理性地审视自身存在哪些可能诱发危机出现的薄弱环节。其次大的投资环境也是诱发危机的重要因素，因此关注社会政治经济环境，有助于科学地预测何时会出现危机。知己知彼才能百战百胜，对竞争对手的防范也是必不可少的。竞争对手有可能在哪些方面对自己造成无法规避的打击等，都是我们需要详细收集的应对危机的信息。只有在日常就建立起危机的预警机制，做好应急方案，锻炼抵抗危机的能力，提高应急处理的能力，才能在危机降临时，从容不迫，抓住危机中的有利点，化逆势为机遇。

比尔·盖茨给内部员工的一份邮件曾是世界各大企业的培训案例，比尔·盖茨在此邮件中告诫微软的员工：软件行业明天的发展方向将是网上的服务和广告，因此，所有微软员工都要有如履薄冰的危机感，只有抓住发展机会，敢于掀起领导技术革命的浪潮，我们才会领先于别人。

微软获得傲视全球的业绩，也已经成为当之无愧的霸主企业。然而，比尔·盖茨依然诚惶诚恐，小心经营。他总是考虑怎样在每一个技术革命与市场浪潮中，争取公司的霸主地位。正是这种危机意识，让微软不断击败竞争对手，获得软件业的霸主地位。

诚惶诚恐、小心经营的比尔·盖茨成了企业家们学习的典范。真正成功的投资者都具备强烈的危机意识。尽管我们可以转危为安，但是谁也不喜欢危机给我们带来的痛苦经历。因此，要了解危机的成因，更要善于学会危机管理。要针对各种可能出现的危机进行规划决策、动态调整、化解处理，尽量消除危机的影响，将危机有可能造成的损失降至最低。只有这样才能让危机不但不会变成威胁和危险，还有可能转变成发展的机遇。

聪明的投资者都是善于把危机转为商机的人，我们也要学习他们这种良好的习惯。培养在危机中捕捉商机的意识，练就自己在危机中捕捉商机的慧眼！

立足需求，发现商机

当提到机会、机遇、时机的时候，谁都免不了心跳耳热，因为我们都知道，它们与我们的成功和幸福紧密相关。抓住了机会，我们就可能乘风而起，攀上成功的峰巅。如果错失了机会，我们就可能与唾手可得的成功擦肩而过，因而懊悔不已。

供求失衡中之所以存在可供利用的商机，主要是因为市场供求与价格之间存在着相依相扣的辩证关系。

一般来说，市场价值或生产价格决定价格，价格决定供求；反过来，供求决定价格，并通过调节不同生产条件下的生产，影响市场价值的形成与确定。

市场供求与价格的关系，首先是市场价值或生产价格决定价格，市场价值或生产价格是价格形成与运动的内在基础和实体，是市场价格波动的中心，价格调节着市场供求关系，而市场供求关系反作用于价格，成为支配或影响市场价格形成与运动的基本因素。因此，它们相互影响、相互制约。

正因为市场供求和价格之间存在上述关系，商人应该准确把握市场供求的走向，从而把握赚钱的契机。机会或时机又是难以察觉和捕捉的，它不会自己跑来敲你的门，也不会大喊大叫把你惊醒。它像不经意间掠过你面前的一阵风，又像一条水中的游鱼，似乎抓住了却又从你手中溜走。机会的确是成功的催化剂，成功人士凭借机会可以更快地达到目标。在投资上发现商机，就要立足于需求。

事实上，一切财富均隐含于需求当中。只要在需求的失衡中发现了商机，就有可能找到你的致富之门。一种商品是一种需求，百种商品就是百种需求。和人的品性千差万别一样，需求也是多种多样的。每种需求，都蕴藏着商机。在地域差别之中，在习俗变化之间，在文化变革之时，甚至在时局动荡之秋，皆有千千万万种需求，就看如何把握和利用了。

一、书法机诞生给我们的启示

每位经商者都希望自己的产品在市场上畅销，但是怎样去做呢？很简单，提供满足社会生活一部分需要的商品。

一天，谷野来到一家百货公司给朋友邮购礼品。按惯例，他应该在礼品盒上写上几句恭敬的词语，但谷野不擅长书法，只好请店员代笔。一位店员小声嘀咕说:"已经卖了一百多份礼品了,要是每个都要我们代笔,可够麻烦的!"另一位店员附和着说:"是啊,如果有一台自动书法机就好了。"

说者无心,听者有意。谷野心头一动,这不是一个很有价值的市场需要吗?可是这个信息是否准确?谷野调查了十几家百货公司,结果了解到:日本的礼品市场年销售额达几千亿日元,每人每年要送几十份礼品。每份礼品都要写上诸如"年贺""御祝""中元"等美好的祝语。而真正擅长书法的人却寥若晨星,许多商店只好请书法家代写,佣金贵得惊人。谷野估计了一下,如果包括每年成千上万张贺年片,那么对书法的需要将相当可观。不久第一台书法机诞生了,结果一炮打响。

二、抓住供求失衡的差异

大千世界,尚未开发的市场无时不有、无处不在,生财机会很多,关键看商家能否立足市场需求,练就一双敏锐的"市场眼"和观察市场、分析市场的能力。其实,只要经营者多动脑筋,多一点儿开拓市场的钻劲,何愁不能把握商机、驾驭市场呢?平凡的生活中蕴含着无穷无尽的商业秘密,有成就的商家善于用独特的"注意力"去发现,发现供求之间的流向,把握供求之间的机遇,也就把握了财富的脉搏。

市场供求平衡是相对的,不平衡是绝对的。不平衡存在着差异,这种差异性就是市场的潜力所在。精明的商家一旦捕捉到了市场中存在的差异,也就捕捉到了商机。差异造就市场,寻找差异，也就是寻找市场。

在现实生活之中，供需失衡往往存在于一些极有希望的领域之中。抓住了这些商机，就等于抓住了一片大有可为的广阔天地。然而，并不是只有供需失衡的地方才存在商机。优秀的商家善于对人们的消费欲望进行挖掘和开发，在没有需求的地方也能创造需求。

商机紧跟需求而行，然而需求并不是一成不变的，恰恰相反，需求时时刻刻都在发生变化，这要求商家不仅要从静态，而且要从动态的角度发现商机，在需求的转换之中发现商机。

最后，需求并不一定单单具体化为某种有形产品，因此，要把握住消费者的需求本质，让它转变为一次情感商机。

总之，当一种产品出现市场供需失衡的时候，其中常常就蕴藏着极为可贵的商机。但是，市场需求并不一定往往表现得极为明显，因此，这就要求商家具备优秀的"注意力"，发现人们隐藏的消费欲望，在没有需求的地方创造需求，把握商机。

抓住热点，做投资的独特创意设计师

很多有钱人都有善于发现机遇并紧紧抓住机遇的习惯，机遇成就了他们发财的梦想。

在摩根事业刚起步的时候，一个小伙子前来找他："您好，我叫克察姆,我这里有一桩黄金买卖,想不想干呢?"摩根欣然表示同意:"当然了,请说说你的计划吧。"

克察姆就对摩根讲述了他的整个计划:"首先,请您先去和皮鲍狄公司商量共同付款,秘密买下几百万美元的黄金,然后将买下的一半黄金汇到伦敦的皮鲍狄公司,剩下的一半您留着,到时候将皮鲍狄黄金汇款的事情宣扬出去,再加上查理斯敦港的北军战败,黄金的价格肯定会暴涨的。那时候,你再出售手里的黄金,肯定会赚大钱的。"

摩根觉得这个计策真是太妙了,便依计行事,果然出现了抢购黄金的热潮,摩根狂赚了一笔。然而在接下来的黄金生意中,摩根发现了一个问题,就是在美国内战期间,如果南军占上风的话,黄金的价格就会上涨;但是如果北军占上风的话,黄金的价格就会下跌。

为了能够更好更详细地掌握前方的军事情报,摩根注意到了电报这个"武器",而克察姆也很支持他的这个想法。

摩根招聘了一个名叫斯密斯的小伙子,专门负责电报的通信工作。斯密斯曾做过北军陆战队的电报接线员,而且他的好朋友现在是北军格兰特将军的电报秘书。摩根通过斯密斯准确及时地掌握了战争的有关情报。在这期间,他通过卖黄金又大赚了一笔。

后来摩根收到了皮鲍狄的来电:"林肯总统和斯瓦特国务卿已经通过驻英大使亚当斯向英国政府提出最后的通牒,要求停

第七章 30年潮起潮落,抓住属于自己的财富机会　149

止为南军供应炮舰,你要加紧关注华尔街的动向和走势。"摩根令斯密斯向华盛顿方面查询,关注着华尔街的动向,之后不久,皮鲍狄又发来了电报,说如果英国再继续向南军供应炮舰,林肯总统将断绝与英国的一切往来。

接下来皮鲍狄更是报告给摩根一个尤为重要的消息,便是美国大使亚当斯奉命与英国政府派出的负责人周旋,但改变前提条件的希望还是落空了。美国政府委托皮鲍狄公司在24小时内准备好一百万英镑的赔偿金,用来赔偿英国厂家停工的损失费用,这样英国才不会对南军提供炮舰。

得到了这个消息后,摩根十分兴奋,他认为又一次赚大钱的机会到了,他立刻大量买进黄金,让皮鲍狄也大量买进黄金。后来,摩根又乘机抛售,将黄金全部卖出,他又大赚了一笔。

后来,摩根成了华尔街最大的金融巨头,一直到他去世,美国人都称那段时间为"摩根时代"。

摩根抓住了热点,创造了商业史上的一个奇迹。在金融市场当中,投资者在对期货、股市的投资中也应当抓住市场的热点,这样可以帮助你获得更高的收益。

但是,在实际的投资过程中,要清楚商业的热点和盲目地追涨是完全不同的。追涨就是在不清楚形势的状况之下,盲目地冲动购买,用资金恶意地炒作。而热点则是市场对某些题材的金融工具成长性的认可,在金融投资中发掘热点是获得利益

把握五字要诀变成投资专家

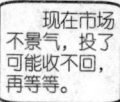

稳

现在市场不景气，投了可能收不回，再等等。

所谓稳，要胸有成竹，对大的趋势做认真的分析，要有自己的思维方式，而非随波逐流。

准

所谓准，就是要当机立断，坚决果断。如果大势一路看好，就不要逆着大势做空，同时，看准了行情，心目中的价位就到了。

忍

势未形成之前决不动心，免得杀进杀出造成冲动性的投资，要学会一个"忍"字。小不忍则乱大谋，忍一步，海阔天空。

狠

追击！

所谓狠，一方面，当方向错误时，要有壮士断腕的勇气认赔出场。另一方面，当方向对时，可考虑适量加码，乘胜追击。

滚

开始跌了，要果断撤出才行。

在股票市场投资中，赚八分饱就走，股价下跌初期，不可留恋，要赶紧撤出。

的一个关键所在。

对于一个投资产品是不是商业热点，需要投资者在入市之前进行充分的研究和考证。投资者在购买理财产品之前，应该先将市场了解清楚，这样才能避免盲目地投资带来不必要的损失。

简单来说，依靠热点来获利的方法其实并不难，就是要腿勤、嘴勤、眼勤。腿勤就是要货比三家，充分掌握信息，经过比对，选出适合自己投资特点的产品。嘴勤就要多咨询，询问代售人员，咨询有过投资理财产品经历的人，要有针对性，仔细地询问，比如：该产品属于什么类型，是固定利率的还是浮动利率的，是长期的还是短期的。这样一来，在购买过程中就具有科学性和指导意义。眼勤就是多看，多积累相关的信息。在这一方面多关注电视上的报道，关注报纸和网络上的最新消息是非常必要的。

在日常生活中，有意识地积累信息，培养投资者自身对热点的敏锐触觉是提高从热点中获利的第一步，不了解新闻是理不好财的。相信投资者在平时的积累中不断修炼"慧眼"，可以早日在投资的道路上发现热点，创造机遇，淘到属于自己的一桶金。

第八章
省钱是门技术活，别让财富从指间溜走

是谁纵容了财富的流失

在很多人的眼中，理财就是投机，都渴望通过这条路一夜暴富，最终成为一名富翁。但是一个人理财成功与否，并不是由这个人的理财技术和手段来决定的，而是由这个人的心态决定的。

有一次，王丽看到同事买股票赚了一笔钱后，自己也开通了一个账户。由于刚开始没有经验，王丽就跟着同事买了一只小盘股。这只股票在4月份涨得非常好，一个月就涨了30%。到了5月下旬，同事见股票已经涨到很高了，就把股票给抛了，并且建议王丽也抛掉。但王丽看着账户里的钱还在不断增加，并且听一位分析师说这只股票还有10%的上升空间，于是王丽没有跟着抛掉。

正当王丽还沉浸在股票将上升10%的喜悦之中时，由于政策上的一些原因，股市连续几天大跌，王丽的股票连续3天跌停。这下甭说赚钱了，她还得再赔一些钱进去，真是得不偿失，自己后悔不已。

王丽太贪婪了，不关心政策，只是盲目地听从所谓的权威人士的意见，犯了理财的心理大忌。现在就看看自己在理财的过程中有没有下面的这些理财心魔。

一、缺乏耐性

理财不可能一朝一夕就看到结果，即便是出现复利效应也要经过很长时间。很多人没有那个耐性，却又羡慕别人的成功。自相矛盾的想法根本不可能让你获得财富。投资理财想要致富，前提条件就是时间，而且是很长的时间。缺乏耐性，你就不能得到更多的财富，在应对财务危机的时候也就显得更加无力。

二、贪婪作怪

越是贪婪的人，越容易遇上财务风险。因为他根本不考虑投资理财中的风险，一味地追求财富，往往克制不住自己的欲望，反而被自己的欲望绊住。

因为贪婪会让人丧失理性判断的能力。与贪婪为伍，你很可能在它的怂恿下，不顾一切地闯入股市。的确，股市能为你带来财富，可是它也有巨大风险。贪婪使人们忘记了这些，蒙蔽了人们的理智。

另外，贪婪也会使投资人忘记分散风险。整天只想着如果这只股票翻几倍的话能赚多少钱，忽略了股票跌了怎么办。一看到某只股票的价格上涨得非常快，就立即买上个几百股，如果它继续看涨，可能就会把绝大部分本金都投入这只股票上期待更高的回报。若这只股票跌了，仍不想放弃，并相信总会反弹回来的，于是就一直持股，结果就被套住了。

投资理财是残酷的，十分现实，只要一个不注意，就可能倾家荡产。

三、莫名恐慌

有的投资者希望在一个完全有把握的情况下进行决策，对很多的不确定性因素都十分厌恶，在股市上遇到风吹草动就莫名恐慌。这种自我施加的心理压力，加强了投资决策的艰巨性，也破坏了投资计划的完整性，一旦遇到财务危机就手足无措。这样，怎么能保住财产呢？

四、跟着大家走准没错

盲目跟风，永远只是跟在别人后面，匆忙买入或卖出，得不到什么收获。而且投资会涉及很多数据，于是，有的人不愿意自己去分析，经常跟从别人或者相信预测信息。其实，这些信息大多是不科学的。理财者没有自己的主见，而是让别人来决定自己的行动，十分不可取。倘若出现财务危机，心理防线便一溃千里。

积极的心态是规避风险、获得财富的"护身符"，而消极的心态则是获得财富的"丧门星"。要成为理财中的赢家，固然需要很多方面的素养，但是，心态却是最根本的。没有良好的心态，理财能力再强，也不会成为理财的赢家。所以，从现在开始，要祛除阻碍你财富积累的心魔，用理性战胜这些理财过程中的不良心态，将财富牢牢地把握在你自己的手中。

省钱是一种生活态度

省钱是一种负责的生活态度。省钱，是为了改善生活质量，而不是降低生活水平。当你盲目地开始省钱，戒掉逛街的享受，戒掉和朋友在酒吧谈天说地的轻松，戒掉去电影院的浪漫，戒掉去餐厅吃饭的习惯……试问你的生活还剩下什么？难道只是纯粹地作为一个生物活在这个世界上，失去一切乐趣吗？如果你打算这么做，你的省钱计划不出一个月就会失败。只有在保证生活质量的情况下，才能够开始省钱，这一点非常重要，因为它将决定你的省钱计划能持续多久。

省钱并不是让你变成一个葛朗台式的守财奴、一毛不拔。花小钱也能保障生活品质，你也可以和朋友外出消遣，定期下馆子、逛喜欢的百货公司。但是这并不代表你被允许挥金如土、胡吃海喝、刷卡血拼，你要记得吃饭时应点可以装进肚子的，不点要倒掉的菜，买东西时只买能用上的，不买用来囤积的。换句话说，就是你可以消费，但不可浪费。

省钱，不是降低生活质量，省钱是一种负责的生活态度。

一、建立一个省钱专用账户

在银行里开一个省钱专用账户，每月发工资的当天自觉从工资卡上划去一笔不至于影响你日常生活的钱，比如一顿饭的钱，或者一次泡吧的费用。当你开始这么做的时候，你已经不再是"月光一族"了。

二、不买那些不必要的商品

去商场或者超市之前，先列一张"我不需要它们"列表，记下你不需要的物品，拿着这张清单，在购物的时候坚决不买。随着你的列表中的东西越来越多，你会发现，离开了这些东西，你的生活仍在继续，并未受到任何影响。

三、巧用网购

你喜欢某种物品已经很久了，在那家店前转了几次，可一直不打折，这时你可以上购物网站逛逛，例如，淘宝、卓越等，说不定还能淘到比那家店里更便宜的货品，偶尔还能获得现金券，留待下次购物时使用。

四、学理财添动力

你已经坚持省钱一段时间，看着这笔不算少的钱，一定很有成就感吧。这时，你再选择一个高利率的方式帮你存钱，无论你是在工作还是在睡觉，你的钱都在银行里为你生出更多的钱，为你的继续省钱计划增加动力。

节约生活开支的 4 个窍门

懂得一些生活理财的窍门，会帮你节约一大笔开支，让生活变得有滋有味。

去超市集中购买日常用品

旅游挑选淡季

每天关注商家的折扣信息

环保出行

五、冻结信用卡

如果你无法抑制自己刷信用卡的欲望，请去银行注销账户。只有冻结信用卡，你才能控制欲望这个大黑洞。

六、积少当然成多

每次购物回来，找几个硬币，把它们放进储蓄罐里，就能积少成多。这不仅可以帮助你养成不浪费的习惯，而且一段时间后，积少成多，又有一笔小钱可以存进银行了。

七、学会耐心等待

当你非常希望拥有某件奢侈品的时候，先不要冲动刷卡，应先等待一个月或者更长的时间，之后再理智地想一想，看看你是否依旧希望拥有它。等待可以让你分辨出哪些是你真的希望拥有的物品。想好了再买总比花了钱闲置不用、浪费资源要好吧。

八、省出你的专用资金来

如果你有置换电脑或某一家电这样大件物品的计划，可以建立一个相关账户，例如"电脑"账户，把平时省下来的所有小钱存进你专用资金账户里，直到你可以买到为止。请记住，不要停止之前的理财计划。当你这样做并且买到了电脑的时候，你会发现自己非常爱惜买回来的电脑，就像一个长跑比赛，你坚持跑完了全程，电脑是奖品，无论它价值多少，你都将异常珍惜它。

省钱，不是降低生活质量；省钱，是一种生活态度，更是一种人生的艺术！生活中，我们除了会挣钱，也要学会省钱。虽说每日省下的只是零零碎碎，天长日久也是很大的一笔。谁说过日子不是省出来的呢？看紧你的荷包，省下不该花的钱，付出最少的代价，创造高品质、高效率的生活。

管理财富就是管理人生

年轻人没什么钱，不用理财也可以吧？年轻人忙工作拼事业，现在没时间，等两年再理财也不迟吧？

如果按照65岁退休，你每年拿出2000元投资，按年投资报酬率为15%算，那么从不同的年龄开始，你到最后所能获

开始投资的年龄	在退休时所能得到的钱
20岁	8247794元
25岁	4093907元
30岁	2028689元
35岁	1001914元
40岁	491424元
45岁	237620元
50岁	111435元
55岁	48699元
60岁	13603元

得的财富将如下表所示：

如上表所示，你从 20 岁开始，利用复利效应，那么到 45 年后，你就有 800 多万元。如果你从 25 岁开始投资理财，40 年后，你的财产就可以达到 400 多万元。你越晚理财，最后所得到的钱就越少。

惊人的差别时刻提醒着你，理财不是件可早可晚的事，将来的财富可能就在你的手边，而你要做的就是紧紧抓住它，而不是任它悄悄流失。

在西方，18 岁的年轻人已开始自立，独立养活自己，他们从年轻时就逐步理财，到中年时已是市场主要的竞争对象；而在中国，绝大部分年轻人仍然依赖父母，到中年时才开始学习理财，此时由于家庭、孩子的影响，精力已经有限。随着年龄的增长，又面临退休，手中有点儿钱又想到为自己退休后经济来源做准备，根本无力进行较大规模的投资，最后也只能碌碌无为。

年轻就是财富，每个人都羡慕青春年华。我们可以用简单的复利公式得出这样的结论。假如年轻时有 1 万元创业基金，10 年后，1 万元可变成 200 万元；而年老时同样的 1 万元，10 年后只能成长为 6 万元甚至倒贴亏空，因此青春年华是黄金时代，这句话一点儿也不过分。

年轻也是理财最重要的本钱。因为由复利公式可明显看出，时间就是金钱，年轻就是财富。复利给我们一个明确的理财生涯规划：年轻时应致力于开源节流，并开始投资，因为年轻时省下的钱对年老时的财富贡献度极大。

事实上，等到年老之后，手中有些资金再开始理财，已因时间不够而来不及。正确的观念是：投资是年轻人的工作，而老年后的工作是善用财富。然而许多年轻人往往只注重眼前的生活享受，总认为年轻时应尽情享乐，年老时再来操心理财。

大家若已了解时间在理财活动中所扮演的角色，就不难理解，这样的人注定一生庸碌。现实社会中，因年轻时注重享受，而导致年老时贫穷的例子数不胜数。关键在于他们忽略年轻时开始理财的重要性，等到年岁渐增觉悟时，不只是事倍功半而已，且为时已晚。

那么年轻人如何强化理财意识呢？我们不妨按以下的建议行动起来：

1. 确信理财能为你带来财富，并决心努力学习理财。

2. 拥有理财目标并设立理财计划。

3. 拥有记录花销的家庭账本，并清晰地知道钱的来源和支出方向。

4. 通过各种途径收集理财信息和成功者的理财经验，并在必要时向专业理财师求助。

5. 基本的医疗保险外，为自己买一份商业保险，以便在重病时能减轻自己身上的负担。

6.要留有积蓄,至少应该是2个月的生活费,以便在意外来临时,有应急积蓄支撑生活。

理财要趁早,请即刻就给自己做个彻底的清算。加深自己对理财的了解,重视相关的理财知识,才能让你真正开始理财的历程。

决定财富的是收入还是支出

每个人都希望有一笔属于自己的财富,可是为什么工作这么多年自己还是存不下钱?想想每个月的收入也不少,那些收入都跑哪儿去了?其实,很多人只会挣钱,不会花钱。他们认为只要挣得多就行,挣得多了肯定能存下钱。他们却不知决定财富的不是收入,而是支出。支出就像流出去的水,一旦流出去,就像没有来过一样,所以,挣多少钱不是衡量财富的标准。

收入多并不能代表你有钱,关键是要会花钱,把钱都用到刀刃上。把剩余的钱攒起来,存在银行的钱才是你的财富。无论哪一个亿万富翁,在他事业开始时的原始资金,都是通过"攒"聚集起来的。"不积小流无以成江海",每天10元的打车钱看起来不多,一个月下来就有300元,足够你一个月的伙食开支。所以,不要以为自己挣得多就比别人有钱,决定财富的还有你会不会花钱，会不会攒钱。

投资理财者一定要懂得将有限的收入换成无限的源泉。你是愿意一生只是不停赚钱，又不停消费，最后一无所有呢？还是愿意及时认识到情况的严峻，开源节流，最后享受美好的人生？

现在年轻人里流行着一种享乐的消费观念，他们每月的收入全部用来消费和享受，每到月底银行账户里基本处于"零状态"，所以就出现了所谓的"月光族"。

王小姐毕业于一所著名高校，毕业后在一家金融公司工作两年，月薪4000元，除去每个月的房租、生活费，王小姐喜欢逛街，或到大商场买衣服，每周至少一次。此外，每月还会在酒吧小酌两杯，一个月下来，4000元往往不够花，有时候还不得不跟好友借钱。结果，工作两年没攒下什么钱。王小姐今年已经25岁了，她很庆幸自己是个女孩，因为自己可以找一个有一定经济实力的男朋友，并希望男朋友最好能有套房，这样她就不用为买房操心了。

王小姐在成家方面需要付出的相对较少，但是她真的就不需要存有一定的资金了吗？假如她能嫁一个"钻石王老五"还好说，倘若嫁一个收入一般的人，要想成家恐怕就不那么容易了。再假如不是王小姐，而是张先生，再过两年就要面临成家的问题，月月花光，怎么买得起房？虽说不能以钱财作为婚姻的基础，但是真的会有女孩愿意嫁给一个没有一点积蓄，又买不起房子的男人吗？其实与当地普通市民的平均工资相比，王小姐的工资算高的了。即便这样，她依然抱怨："每到月底，我就两手空空，望眼欲穿地盼望着下个月的薪金。"

"月光族"的日子看似光鲜潇洒，其实到了月底就是他们的"受难日"。如果你是一名"月光族"，是不是很想摆脱这种月月负债的糟糕状况呢？对于像王小姐这样有比较高收入但却过度消费的"月光族"，投资理财的解决方案是：开源节流，计划开支。

其实，"月光族"并不是无财可理，月入数千，仍然两手空空，主要"归功"于一个字：花。只要懂得正确而巧妙地"花"，理财并不难，因为理财也是另一种意义上的"花钱"，只不过钱花得有收益。

从我们小时候开始，父母就给我们准备了存钱罐，让我们学会节省。其实这是一种很好的理财方式。现在，你不妨也为自己准备一个存钱罐。把以前用于打车、买奢侈化妆品的钱放在里面，过一阵子，你会发现那竟是一笔不小的费用。

现在，很多人觉得入不敷出的时候，就开始选择跳槽，寻找挣钱多的工作机会。总以为挣得多了，钱就够花了。其实，他们没有找到自己没钱的真正原因——不会花钱。只要学会了花钱，即便你的工资并不高，你的生活也可以美满充实。

如果下一次你又感觉自己生活拮据的时候，不要再嫌自己挣得少了，先来看看自己的花钱习惯。一种坏的花钱习惯，决定你一生也不可能成为富人。花钱就像流水,只要你还是这样不计后果,没有规划地花钱,就算是金山银山也会在瞬间消失。

"月光族"们要给自己设定每个月的储蓄目标,以此来积累财富,控制不必要的支出,比如频繁地泡吧、K歌;还要尽量控制在外就餐次数和档次;穿着方面,要坚持不血拼购物、衣服在精不在多的原则,有计划地购买。综合考虑生活各方面的支出,日常生活支出要控制在1500～2500元,即工资收入的1/3左右。

节省下来的钱,最好都存入银行。可采取零存整取的方法,逐渐积累起一笔能够灵活利用的钱财,并把它作为投资理财的基础。

俗话说"从俭入奢易,从奢入俭难"。花钱花习惯了,一下做出计划,学会攒钱,不是一件容易的事。但是习惯也是养成的,一开始可能会感觉不习惯,攒钱的习惯一旦养成,你的财富也就随之而来了。因此做好节流的工作是非常关键的。

如何应对通货膨胀

通货膨胀率越来越高的今天,似乎除了工资什么都涨了。作为"工薪阶层",因为"蒜你狠","油你涨",流行着这样一句话"我们都成了海豚族"。在物价飞涨的今天,把口袋捂得紧紧的也没用,通货膨胀正在悄悄地向我们走来。

毫无疑问,通货膨胀正在日渐侵蚀着我们手中的财富,钱变得越来越不值钱了。在种种纸币贬值的形势之下,我们手中的钱该如何跑赢通货膨胀?

老百姓都知道一个朴素的道理:钱只有投入社会经济活动,运转起来才能保值。比如:做个小生意卖茶鸡蛋。以前是3毛进5毛出,通货膨胀了,鸡蛋涨价了,那就5毛进8毛出,把通货膨胀的压力转移出去,使我们的劳动价值得以保存。不参与经济运作,肯定就不好办了。

如果想跑赢通货膨胀,首先,要努力工作,多多赚钱,还要开源节流精打细算地过日子。其次,多学习一些理财知识,让我们手里的钱保值、增值,用钱来生钱。下面就总结几种实用的理财方式,帮你看紧荷包:

一、存款

经过央行多次加息,目前银行的定期存款利率是3.33%~5.85%不等,这个利率水平虽然跟现在的CPI(Consumer Price Index,消费者物价指数)涨幅相比逊色一些,但是国家系列经济政策的影响将在不久的将来显现出来,存款利率也将成为龟兔赛跑中胜利的小乌龟。

二、买债券

随着利率的上调和金融机构存款准备金率的多次提高,债券逐渐成了百姓和机构热捧的对象。国债是很多老百姓早就熟知的,近年来,再次出现了牛市以来难得一见的排队买国债景象,很多公司债也相继发行,利率在4%~7%不等。短期融资券比较活跃,期限主要集中在3个月和1年,主要是因为该期限相对较短,在目前高通胀紧缩预期下,对抗利率上行风险较具优势。

三、投资基金

基金是普通百姓投资理财的首选,按照投资配置比例,基金主要分为股票型基金、混合型基金、债券型基金、货币型基金等,投资者应当根据自己的风险承受能力来组合配置一些基金,把握好各类型基金的配置比例,力求取得最佳组合效果,分散风险,追求收益最大化。基金定投是一种定期定额的投资,具有分散风险、聚少成多等特点,通过长期投资的复利效应,获得市场平均收益,成为抵制财富缩水、保持货币购买力的有效手段之一。

四、投资银行和券商的理财产品

一般来说,银行和券商推出的理财产品相对稳健,收益比较固定,目前预期收益一般在5%~15%。在设计理财产品的时候,主要以两个数据为参考标准,一是一年期定期存款利率,另一个就是CPI。存款的收益率是固定的,但理财产品的收益率却可以通过设计达到不同的水平,因此,跑赢CPI还是不成问题的。

五、投资股票

股市在经历了轰轰烈烈的大牛市之后,进入了熊市阶段,可谓是几家欢喜几家愁,有人赚得盆满钵满,有人赔得心灰意冷。股票也是一种很好的投资理财工具,但是对投资者的专业知识和投资纪律要求得比较高,如果对股票知识完全不懂或是略知一二便盲目跟风进场,是很危险的,等待你的或许就是"交学费买教训",财越理越少。股票投资比较适合有时间、有精力且有能力的投资者,在市场行情好的情况下收益还是很可观的。

六、投资黄金

随着国际原油价格的不断攀升,我国 CPI 的逐渐走高,特别是 A 股的大幅震荡,黄金作为一种中长期投资,在国内投资中逐渐升温。而国际原油价格一路上涨也带动了一系列相关产品的价格上升,推动了生产者物价指数和消费者物价指数的上涨。通货膨胀预期的增长,引发了投资者对其资产进行保值的需求,从而促使在货币史上长期充当一般等价物的黄金在对冲通货膨胀的风险方面越来越受到投资者的青睐。

黄金是国际公认的货币,是硬通货,可以起到保值的作用,是一种适合长期投资的理财品种。投资者可以按照不超过总资产 30% 的比例进行实物黄金投资配置。

白领的省钱大法

省钱并不是让你变成一个守财奴,锱铢必较,这样的生活又怎么能算得上优质,更何谈优雅呢?白领既要活得潇洒体面,又要经济高效,因此,如果你想花小钱过优雅的生活,这就需要听听理财高手的建议,它可以让你的钱花得更体面。

一、建立一个自动储蓄计划

在银行建立一个只存不取的账号,每月定期从你的工资卡上划去一小笔不会影响你日常开销的钱。

二、选择一个高利率的网上银行来激励储蓄

钱存到一定量的时候,你已经坚持省钱一段时间,这时候你需要选择一个高利率的银行帮你存钱,无论你是在工作还是在睡觉,你的钱都在银行里为你生出更多的利息,鼓励你继续省钱计划。

三、请朋友来家中聚餐

经常在外面餐馆吃饭,占用了大量资源,亲朋好友之间却未能尽欢。其实,家庭温暖的回归才是人们内心最需要的,请朋友到家里来用餐,这不仅体现了客人在主人心中家人般的位置,还可以营造一种亲密、融洽的氛围。DIY的鲜花、亲自烹饪的菜肴,宾至如归的家庭氛围所耗的更少,所创造的价值更大。

四、随身携带密封式水杯

出门在外,口渴了就去便利店买瓶饮料,这是大多数人的习惯。但这样不仅容易导致摄入过多糖分和香精，塑料瓶子还会带来资源浪费和环境污染。随身携带水杯，就可以轻松节省下买饮料的开支，既经济又环保。

五、列出不必要的商品清单

在手机或者随身携带的笔记本上记下你不需要的物品清单，购物的时候坚决不予购买。

六、不要为情绪买单

不在饥饿、愤怒、失恋，或者工作压力大的时候逛街。因为这时候的你很容易冲动消费，千万不要犯这种代价高昂的错误。办公室午休时间，你可以只带少量的钱逛街。如果真有你喜欢的东西，可以暂时记下来。也许回去取现的路上，就会觉得并非那么需要它。

七、给奢侈品一段等待的时间

当你非常希望拥有某件奢侈品的时候，请不要立即掏出信用卡，而是等待，一个月或者更长的时间过后，把它从你的等待列表中翻出，现在来看，这个时候的自己是否还依然那么强烈地想拥有它，或者还特别需要它。经过再次确定之后，你可以筛选出哪些才是你真正需要的，值得购买的，而哪些仅仅是一时冲动希望抱回家的。

八、大小账都记

记账，看起来是个琐碎的习惯，但是它却能帮助你了解每个月的金钱流向，还可借此检视是否产生了不必要的花费，为

省钱技巧

设定目标，将目标细化

一个人或一个家庭为了某一特定目标设立专门的储蓄账户对储蓄率有着特殊的效果。当一个人明确他为什么要储蓄时，这种行为发自内心，也就有了内在的动力。

避免负债

负债等于给自己套上了枷锁，吞噬自己的现金流，所以要做到最大限度地减少负债，这样才能避免不必要的开支。

在日常生活中节俭

事实上在人们日常的生活中随时可以做到节俭，比如，买东西时货比三家、多使用折扣券、多利用商家促销的机会。这样做其实不难，但需要有耐心和长期坚持。

对花销记账

在日常生活中，养成记账的习惯，可控制花钱大手大脚，也对自己的财务状况能有更清楚的了解，避免寅吃卯粮。

你省下一笔钱。不仅如此，在有些时候，你甚至会因为嫌记账麻烦而放弃一时的购买欲望。做一个精明的理财者，你需要的并不是遏制消费，而是有意识地合理规划自己的财务。

九、省了多少钱，就存多少钱

购物省下来的钱不是用来购买更多的物，不要随意消费掉，请把它存进银行。

十、购买家电留好必要资料

购买家用电器的时候，你需要选择那些有售后服务的产品和品牌。然后妥善保管好发票和保修卡，一旦在保修期内出现了问题，可以让维修人员免费上门服务。买打折产品的时候，留意是否可以退换或保修。大多时候打折产品是不能退换和保修的，一旦出现问题，需要自己维修，细算下来并不便宜。

十一、不要小看零钱

把零钱也存起来，放进储蓄罐里，看起来有点儿老土，但是，这可以帮助你养成不浪费的习惯。而且，还积少成多。

十二、个性度假计划省钱有方

节假日是旅游和消费的旺季，也是商家们捞钱的好时机，因此最好不要在旺季的时候去凑热闹。选择在淡季出行，不仅各地机票和酒店的价格下降，旅行社的报价也会普遍下降。参加旅游团依然是海外旅行最省钱省心的方式。随着人们出游越来越讲究个性化，自助游已经成为假日出游的新宠。你可通过代理机构订房、订票，安排行程，并根据自身的喜好与需求进行微调，比如更换航班时间和酒店房间。类似的"半自助"模式不仅省钱、省事，更省心。

　　想要生活得快乐富足，学习省钱的妙招是必不可少的，懂得省钱的人，才可以将金钱的效用发挥到最大，这样即使用较少的钱也可以过上高品质的生活。不要小看这些省钱的妙招，仔细计算一下，一年下来可以为你省下不小的一笔财富。还等什么，赶快行动起来吧，加入白领一族的省钱队伍。

第九章

理财先理债，小心债务压垮你的财富

你的债务就是你的敌人

在这个号召"花明天的钱圆今天的梦"的时代里，如果突然又有人跟你讲，"最好不要过借钱的生活"，你一定会嗤之以鼻，然后反驳说："现在都什么年代了，还说不能借钱，花明天的钱过今天的日子，多超前的生活方式啊！"

可你有没有想过，这样的生活方式很危险。正如一位古巴比伦思想者所说："你的债务就是迫使你离开巴比伦的敌人。"如果让负债泛滥，有朝一日，你有可能被负债逼迫得无落脚之处。

小柯的事业发展得不错，家庭关系也特别和谐美满，按理说应该没什么可担忧的了，但她却一直为一个问题困扰，那就是债务。"买房、买车的贷款这个月可别忘了还，好朋友马上要结婚了，别忘了送人家一份礼金，还有，上周和朋友一起购物欠了她300元钱这周记得还……"这些就是小柯的脑海里无时无刻不在惦记的问题,一句话,她是和"债"字结上缘了。

有这样大大小小的债务问题伴随,心情又能好到哪里去呢?你是不是也面临着和小柯同样的问题?

有调查表明,目前有34%的年轻人成为"负翁一族"。现在年轻人的消费观念愈来愈超前,有57%的人表示敢用明天的钱,48%的人不为自己成为"负翁"担忧。大到商品房、汽车,小到家电,甚至一支口红,都可以通过贷款的形式买了、用了再说。有了个人贷款,未来5年、10年,甚至更长时期内的消费计划都可以轻而易举地变为即期消费。这些"负翁族",如果不善于清理债务,就可能成为"破产族"。

事实上,消费者、企业以至国家的债务问题都是财政上致命的癌症,它来势凶猛,而且扩散得很快。为防止得不治之症,我们要做的就是必须还钱,保持自己不借钱。

28岁的李先生在中关村上班,每天下午6点钟都会准时下班,然后坐公交车回家做饭、吃饭,到晚上9点多,虽然还不想睡觉但也只能在家待着,而在以前他一定会叫朋友一起打台球或唱歌。提到现在这种清贫的生活,李先生说全是买了新房子造成的。今年3月,李先生按揭买了房子,一下子就背负了几十万元的债务,人生就开始阴暗起来了。

和上面例子中的李先生一样,很多背负贷款的人都被还贷的压力压得喘不过气来,上班小心翼翼,对老板毕恭毕敬,唯恐一不小心被老板炒了鱿鱼。有时候即便有更好的工作也不敢跳槽，因为即使跳槽后收入会有所增加，但也需要一个心理适应期，会有被炒的风险，结果很多人牺牲了发展的机会。

现在的报纸、杂志或者电视等传媒工具，对于白领、金领或者"小资中产"的生活方式都非常推崇，我们的媒体总会在大众对某个词"视觉疲劳"的时候，适时推出新的流行名词。各种宣传都让我们对高消费产生巨大欲望，而银行推出的信贷产品也为我们的超前消费创造了很多的便利条件。但是在尽情享受的同时，我们必须控制好自己的信贷规模，量力而行，否则，超前消费成为过度消费可能就会不得不终身为银行打工。这当然不是我们希望发生的事情。

我们必须清楚，债务是一种产品，是需要你付钱买的，而且是花高价钱买，绝对不会有打折优惠这样的事情。就像你去逛家具店，服务员会过来问："我可以帮您什么忙吗？"你总是说："哦，不，我只是看看。"为什么这样说呢？因为我们都知道家具店的东西要花钱买。那里的一系列产品，如沙发、餐厅套具、卧室套具等。你买其中的任何一件东西商家都会获利。想到这些，你就说"只是看看"。可是你知道吗？银行也是商家的一种，它们也有一系列的产品，它们卖这些产品都是为了获利。《旧约·箴言》有一句话："富人主宰穷人，债务人是债权人的奴仆。"

我们这些消费者已经成为金融机构的奴仆，随着信用卡市场的扩张、转移，我们在不该借钱时，也借了钱。如此多的人向我们推销信用卡，以至于我们不得不办一大堆信用卡，这意味着我们在借钱。我们借钱并不是因为条件对我们有利，而是因为太方便了。还有房产贷款，我们买房子是为了让生活过得更有滋味，可是真的按揭买房时，才发现贷款是一件多么让人苦恼的事情。最可怕的是汽车贷款，贷款期限越长，汽车价下降幅度越大。多数汽车贷款时间较长，实际付的利息比开始预定的多。而且，购车不像买日用品，还有额外开销。所以不应该借钱买车。

你的债务就是你最大的敌人，你要是回避或放任它们，它们便会日益强大，不但会迫使你背井离乡，而且还会让你丧失曾经拥有的一切。

理财先理债

理财伊始，很多人都会树立很多明确的致富目标，如从股票中赚多少钱、够买什么保险、够投资什么样的房产，等等。然而，理财专家认为，在树立明确的理财目标前，我们应该做的一件事情是：理债。正所谓理财先理债，先把债务理清，该还的还，该规划的规划，然后再谈"以钱生钱"，才更科学，更符合实际。

现实生活中，很多人迫于各种压力，欠下了很多外债：新婚小两口为了有一个安稳的"窝"，向银行贷下了巨款；领着普通薪水的父母为了让孩子读更好的学校，向银行申请消费贷款；踌躇满志的大学毕业生为了实现自己的创业梦，或向亲友借款，或向银行申贷……房奴、卡奴、车奴、孩奴……众"奴"加身，幸福被奴役，一不小心便成为"负债"一族。

可以说，对很多人尤其是生活在大城市的人来说，负债是一种很平常的事。为了不致影响自己的理财效果，"负翁"们一定要好好地清理自己或家庭的债务，做到资金的合理规划。

打算好好理债了吗？如果你有此打算，不妨参考以下建议。

一、理清何谓"债"

债务缠身的人，犯错的第一步总是理不清楚何为"债"。债与利息及偿债能力紧密相连。很多信用卡欠债的卡奴，就是因为忽略了利息累积的威力，最后越陷越深。而在评估自己是否可以借钱投资时，更应该先计算这笔债务占经济负担的比重，也就是自己的偿债能力。偿债能力一般是让债务本息支出低于收入的1/3。

"负翁"们必须掌握负债的真实情况，有些人数字观念很差，只知道自己每月要还多少贷款，却不知总贷款金额和总利息分别是多少，遇此情况，最简单的方法就是直接询问银行职员，请他帮忙打一张明细表，一旦看到全部的利息成本，一定

做好负债管理要做到的两点

管理负债其实并不困难，理财成功也并不一定要有高深的专业知识和丰富的理财经验，关键在于要树立理财观念。

1. 控制消费

要想远离负债，就要在评估个人收支状况时，先冻结不必要的开支，停止额外的消费，减少花费，并开始偿还账款。

2. 降低高成本的负债

使用信用卡的循环利息或是银行的无担保信用贷款，这些都是利息成本较高的负债，要尽量降低。此外，还要养成量入为出的习惯，千万不可过度扩张信用、借贷度日。

在管理负债的同时，要有成本观念，同样的1块钱，存在银行会有利息收入，投资在股票上会有不同的资本利得，但是变成债务就是负担。

会逼迫自己设法开源节流，加速把债务还清。

二、理债不要怕没面子

负债的人要有冷静的头脑、开阔的心胸，不要怕没面子，只有勇敢、乐观地面对负债困境，你才能更快地从中走出来，找到快速还债的方法。

三、先从利率高的产品还起

因为现在全球进入"升息年"，不管是美国还是台湾，最快第二季、最慢第三季就要升息了，届时，所有的理财产品利息会跟着调涨，若刚好手中有笔闲钱，或领到年终奖金，请别急着出国玩慰劳自己，不如干脆提早还款，还可以赚到升息前后的利差。

四、拟定完整的还债策略

收入稳定或在五百强企业上班者，最有筹码和银行谈判，只要把每月薪资报酬单拿给对方看，认真表达准时还钱的意愿，银行为了降低呆账的风险，多多少少会在贷款利率上让步。

小范是一名外企白领，花钱如流水，月薪3万元，负债却高达40万元。受不了几家银行每天照三餐的"准时催收"，她在男朋友的陪伴下找银行谈判。当银行员工觉得她颇具还款能力时，就直接把18%的利率降到10%，让她喜出望外，产生了还钱的动力，最后，不到两年就把钱给还清了。

五、给自己预留后路

一对中年夫妻因经商失败，负债累累，又遭逢诈骗，受骗金额高达数千万元。孩子虽然都已成年,但仅能自给自足,无法帮助父母渡过难关。在毫无办法之下,夫妻俩去求助于理财专家王先生:"所有能借、不能借的都尝试过,就是还不了那么多钱。而且每天还要面对当铺与地下钱庄的恶言相向,又要请律师处理诈骗事件,我们快要活不下去了!"

面对这对头发皆已斑白、满脸丧气的夫妻,王先生向他们提出这样的建议:"不能再借钱还钱了!一定要先勇敢归零,对于那些债主,只能先赔不是。至于地下钱庄部分,也应当尽量平和面对,并以时间来换取空间,千万不要因对方强迫施压,就拼命去借钱!"

把钱装进口袋的,才叫资产;把钱掏出去的,叫作负债。不足的资产,既无法还债,也无法营造良好的生活品质,又如何从举债度日的梦魇中解脱?所以,记得为自己留条后路,以备不时之需。

先顾好生活所需(以免为了基本家计,又要开口向亲人借钱)。

存下收入的20%,原因如下:

鼓励自己(虽有负债但仍有存款,心情才会愉快,也才有力量迎战负债);

以备不时之需(作为急用,或预做东山再起的准备金);

还债可有优惠(等到存到较大笔的金额去还债时,可商谈减免利息或折扣)。

在能力范围内慢慢还（切记赚钱还钱才是真正的还债，借钱还钱则只会捅出更大的负债）。

在理完债务之后，我们再来投资股票和基金，不仅不必再为钱奔波，还可以专心选股票和基金，同时，也不会被债务压得喘不过气。

"先学会理债，再来谈理财！"这是很多理财专家一贯的主张。只有理好债，生活才不会为负债拖垮，还可因资金运用得当，获得更多财务自由。

债务越理越少，理财越来越顺手，人生越来越有希望，朝财务自由的方向迈进！

巧理财，"负翁"也能变富翁

不少工薪族由于理财能力的欠缺造成上半月"富翁"、下半月"负翁"的局面，并逐渐形成了一种恶性循环。

如何理财才能摆脱恶性循环，走出"负翁"状态？想必这是很多工薪族一直想要弄明白的问题。

"提出正确的问题，往往等于解决了问题的大半"，这是德国物理学家海森堡的名言，这句至理名言同样适用于理财。要解决问题，必须先发现问题，对问题有一个正确的认识，知道问题出在哪里。

在提供这个问题的答案之前,我们先来分析一下产生这种情况的原因。

原因一:没有支出计划,花钱稀里糊涂。

就职于某知名外企的晓晨,月薪万元,工资虽然很高,但每到月底,她都会向朋友抱怨:"我挣的钱也不少啊,但就是不知道怎么给花没了,更郁闷的是,花没了才知道这个月还没过完。至于下个月,要不厚着脸皮向家里要,要不就先借。"其实,像晓晨这样月月光的工薪族有很多。他们虽然挣得不少,但就是总落个"不够花"的结局,最大原因在于没有支出的计划,花钱稀里糊涂。

原因二:认识有误区。

通常情况下,这些"负翁"对理财有这样几种认识误区:理财无非就是储蓄;理财就是用剩余的钱来炒股、买基金;现在钱少,即使投入收益也不会多,因此没有必要理财。

针对"负翁"们的这些认识误区,理财专家认为,总体上看,这些负翁的个人理财意识和观念还有待加强。目前很多工薪族将炒股或储蓄等同于理财,甚至津津乐道,"节约就是理财"。其实,这是一种非常狭隘的认识。

理财是一辈子的事,年轻时是理财的起步阶段,也是学习理财的黄金时期。对于绝大多数年轻的工薪族来说,这一阶段的理财实践主要是为了培养一种良好的管理个人财务的习惯,而不是把重心放在能否从理财中获得更大的收益。

债务是一剂毒药，我们应学会科学地理财，将潜在的债务危机扼杀掉，由"负翁"变富翁。具体来讲，可以采用以下理财之道，解决债务问题。

一、写出你的目标

现在就开始关注你为什么理财。理财不是最终目的，葛朗台式的人物谁都不会有兴趣。理财是为了实现你的目标，你是想换一所大点儿的房子？买一辆车？为了你的宝宝？还是打算读书深造？总之，把目标统统写下来，然后贴在冰箱上、厨房门上、餐桌上等任何你能够经常看到的地方，提醒你时常想起自己的目标。这些写在纸上的目标会增加你理财的动力。

二、别过早贪图奢侈的生活

对于任何一个人，奢侈、舒适的生活都是人们奋斗的重要目标。如今，人们的消费理由早已不是"需要"，而是生活品质和生活质量。如何反映？衣食住行首当其冲。于是，房贷、车贷一一推出，越来越多的人乐于用明天的钱住今天的房间、开今天的轿车。

财政上的压力消除叫作"把钱留在银行里"或"积极的现金流通"。所以，在考虑买房、购车之类的重大举动时，最好预算充分，不要有了房子和车子，却饿了肚子。

在满足其他消费项目后，才可以考虑买房、买车或其他大宗需要贷款的消费项目，这样能够保证基本的生活质量不下降。也就是说，在购买房、车之前，要计算清楚每个月需要偿还的金额是多少，这个数字一定是满足其他需要之后的款项。

"负翁"怎么买保险

众所周知，在生命的不同阶段，理财的目标也会有所差异，所以需采用不同的理财策略。在众多的理财工具中，保险是必不可少的。除了能防范人生可能面临的各种风险，许多保险产品还具有投资增值的功能。所以，为了更好地理财，买保险是必不可少的方式。

现实生活中，很多"负翁"担心一旦发生意外，平静的生活就会被打破，生活质量也会大幅下降，虽有购买保险的欲望，但又担心因买了不合适的保险，给自己的生活添加累赘。所以，为此头疼不已。

31岁的小峰是一家外企的普通职员，和妻子的月收入加起来为1.3万元。他们去年按揭购买了一套总价100多万元的房子，向银行贷款50万元。最近银行的几次加息让他十分不安，因为小峰打算今年要一个宝宝。他担心届时由于家庭责任的加重，万一他和妻子发生什么大病或意外，家庭的经济状况就会陷入困境。

在物价、房价等节节上涨的今天，像小峰这样心存不安的房贷"负翁"相当普遍。这些人大多工作稳定，且处于事业的上升期，未来收入看涨，虽然眼下每月两三千元的房贷负担并不算重，但都是建立在平安无事的基础之上，一旦发生人身意外，这类家庭的财务风险就会暴露。

于是我们不禁要问：对"负翁"而言，应该怎样运用"风险转嫁"策略来规避家庭财务风险呢？针对这种情况，理财专家建议，"负翁"们可以分步骤购买一些保险来规避风险。

一、健康保险不能少

由于"负翁"们最大的财务风险是贷款的债务风险，所以购买保险产品首先要针对这一风险。如果夫妻二人共同承担贷款，不管是否购买过房贷险，双方最好都选择购买重大疾病保险，来防范某一方身故或者患重大疾病给对方带来的沉重还款压力。两人的定期险保额建议为二人剩余贷款额度，保障期限一般应该与还款的期限相匹配，至少为10年。

选了重大疾病保险之后，建议购买补充住院治疗险。如果已在单位缴纳保险，建议选择住院补助型住院险。此险种在保险期满时，还可以拿回保额充作养老金。

二、意外险帮你躲过危机

在购买健康大病保险产品以后，不要忘记选择意外保障险。一般情况下，在购买主险以后还可以考虑购买附加意外险，这样只要花费很少的钱就可以有意外保障了。在许多人的传统思维里,更习惯于每次出差或者出行才会想到购买一份意外保险,其实,如果平时为自己定制一份长期意外保险,不仅可以在出外旅行时获得意外保障,而且平时生活中的任何意外伤害都可以向保险公司索赔,费率会比单一购买短期意外险低很多。

三、投资类保险也要选

在解决好健康风险以及意外事故保险后,专家还建议"负翁"们可以尝试投资一些每隔一定期限就返还一次的保险。用返还的保险金提前还款,还完贷款后,还可以将返还的保险金用于补充养老或其他开支。或者,也可以考虑选择一些保证收益率的投资类保险产品,其收益可以用作特殊节日庆祝,假日旅游等费用,定期给自己的生活加加油。

目前市场普遍销售的投资类保险主要有投连险、万能险和分红险。它们的共性在于除同传统寿险一样给予保户生命保障外,还可以让客户直接参与由保险公司为投保人建立的投资账户内资金的投资活动,将保单的价值与保险公司独立运作的投保人投资账户资金的业绩联系起来。

这类险种在投资回报上,主要与保险公司的投资收益或经营业绩有关,保险公司资金运作得好,经营效率高,投保人就能获得较好的收益。也就是说,保险公司与投保人利益均享,风险共担。但是,这三种保险却又各有所侧重,适合不同需要的人群进行投保。

四、租保险:"负翁"们的另类选择

如今租房、租车已经是我们日常生活中司空见惯的现象,然而提到租保险,很多人也许还觉得匪夷所思。难道保险还可以租用吗?事实上的确是这样的。目前的保险有些是属于买,终身的所有权是属于你的。而有些保险,只能暂时属于你,所以相当于是"租",你和拥有其他商品一样,只是暂时拥有这个商品的使用权。终身型、返还型险种就如同你买了这份保险,你拥有这款商品的所有权,当然使用权也属于你,相对于租而言,这种保险的保费比较高。而对于"租"保险,因为你只是暂时拥有了这份保险的使用权,相当于你在某个阶段获得了这份保障,所以其费用非常低廉,这就相当于我们租房。但不管是租还是买,我们都可以拥有这份保障,都能够在不测的情况下得到保险公司的赔偿和补偿。

支出永远不超过收入

犹太人有句格言这样说:"花 1 美元,就要发挥 1 美元 100% 的功效。"就是说要把支出降到最低点。犹太人之所以坚持这种观念,是因为他们懂得"支出"和"欲望"的关系,即用钱的人应该是一个能控制自己欲望的人。

犹太人认为,不能把支出和各种欲望混为一谈。各人的家庭都有不同的欲望,可是这些欲望是各人的收入所不能满足的,因此,切不可把自己的收入花在不能满足的欲望上面,因为许多欲望是永远满足不了的。犹太富商亚凯德曾说过:"犹太人普遍遵守的发财原则,那就是不要让自己的支出超过自己的收入。如果支出超过收入便是不正常的现象,更谈不上发财致富了。"

在《犹太人智慧》一书中,记载了犹太富翁亚凯德的故事,他曾经这样描述关于用钱的理念。

"如果一个人的所有收入都不够支付他的必要开支,他又怎么能把里面的1/10保留下来呢?"亚凯德这样对人们说道。

"现在你们中有多少人的钱袋是空的?"

"我们所有人的钱袋都是空的。"人们回答。

接着亚凯德说:"但是,你们的收入并不是一样的。有些人的收入要比其他人高,而有些人需要养活的家人则比别人多。不过,你们所有人的钱袋都是一样空。现在我要告诉你们一个很不寻常但是永远不变的真理,那就是:除非我们有意克制,否则我们所谓的'必要开支'将总是与我们的收入相等。"

"不要把必要开支与你的欲望相混淆。你们及你们家人的欲望,永远不是你们的支付能力所能满足的。所以,虽然你们用所有的收入去尽量满足这些欲望,到头来却仍然有许多欲望没能满足。所有的人都背负着他们自己无法满足的欲望。你们以为我因为拥有了财富就可以满足自己所有的欲望了吗?根本

做好家庭预算的好处

做好家庭预算具体有以下几条好处：

家庭收支
收入曲线
支出曲线
1月 3月 6月 9月 12月

家庭财产分配图
投资 10%~20%
储蓄 10%~20%
日常其他支出 40%~70%
保险 10%~20%

1. 能掌握家里的收支情况，对指导家庭开支有一定的帮助。

2. 随时掌握家庭财产状况，包括财产规模、分布情况等便于有空时适当做些理财分析。

家庭年度财务收支预算

3. 经历过一段时间记账后，可以做一个家庭年度财务收支预算，以便于有目的地预测和计划家庭开支。

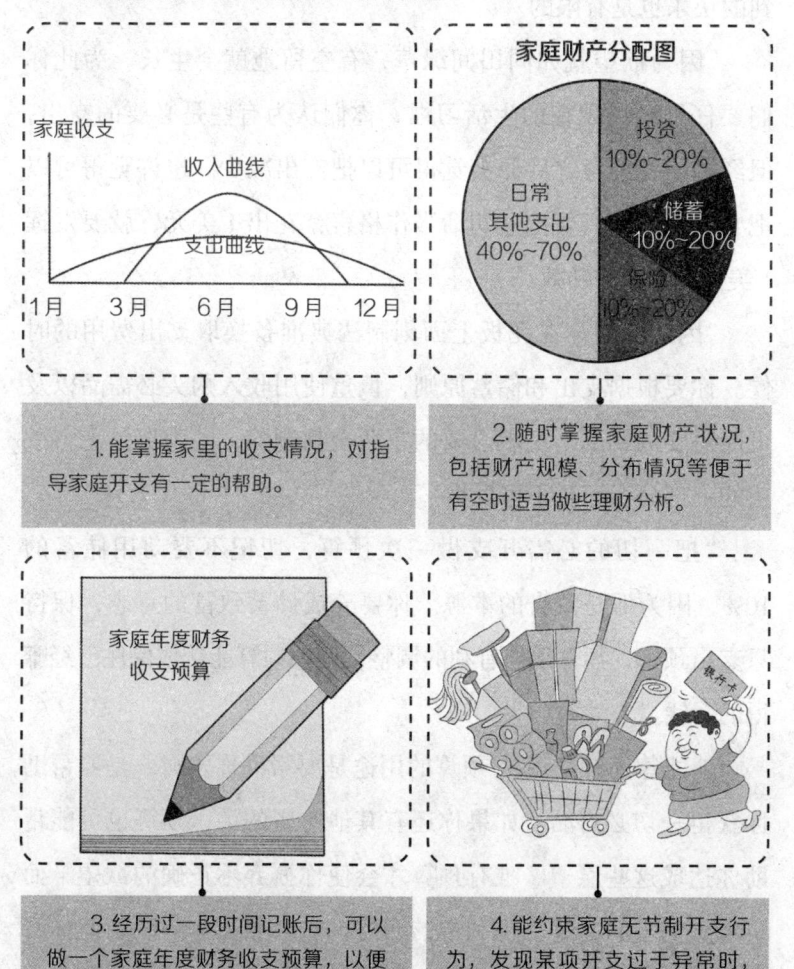

4. 能约束家庭无节制开支行为，发现某项开支过于异常时，报一报数据就很有效。

不是这样。我的时间是有限的，我的力量是有限的，我可以旅行的距离是有限的，我可以吃到的东西是有限的，我能够享受到的快乐也是有限的。"

"因为欲望就如同田间绿草，有空留地就会生长。为此你们要仔细研讨现在的生活习惯，你们认为有些是必要的支出，但经过明智思考之后便会觉得可以把支出减少。也许觉得可以把它取消。你们要把这句话当作格言：花出1美元，就要发挥1美元100%的功效。"

"因此，当你在泥板上面刻制法典准备换取支出费用的时候。你要根据支出和储蓄原则，慎重使用收入购买必需品以及可能需要的物品。把不必要的东西全都删除，因为那是无穷欲望的一部分，而且不可反悔。"

"把一切的必需开支做一次预算，切记不要动用储蓄的10%，因为那是致富的本源。你要养成储蓄致富的意志，保持只支出预算，预算须作有利的调整，调整预算能帮你保住已经赚得的金钱。"

亚凯德还补充说："预算的用途是要帮助你发财，是要帮助你获得一切必需品，如果你还有其他愿望的话，预算也可能帮助你达成这些愿望。唯有预算才会使你摒弃不正确的欲望，而实现最渴求的愿望。黑洞中的明灯，它会照亮你的眼睛使你看清黑洞的真正情况，预算就好像那盏明灯，它会照出你钱包中的漏洞，使你知道缝补漏洞，使你知道控制支出，把金钱用在正当的事物方面。"

对于金钱，犹太人一向讲究取之有道，用之有度。在他们看来，科学而合理地使用金钱，才能够让它发挥出更大的价值。其实，金钱本身并没有力量，但是只要控制、使用得当，它就会产生力量。我们越有钱，所拥有的潜在力量就越大。

欲望好像是野草，农田里只要有空地，它就能生根滋长，繁殖下去。欲望是无穷无尽的，但是你能满足的却微乎其微。对此，犹太人强调指出金钱所代表的力量，就是帮助我们成长的力量。我们必须使这种力量持之以恒。我们必须深入了解，并因此而决定在钱的问题上的施予与接受、储蓄与花销的分寸。为此，我们要掌握好用钱的"成功法则"，这样才能有效地引导和运用这股力量，避免因欲望过大而成为"负翁"一族。

聪明贷款有讲究

迫于生活的压力，越来越多的人开始求助于贷款，越来越多的人加入还贷的行列中：学生时代，我们可能负有助学贷款的压力；工作之后好不容易还清了助学贷款，打算好好犒劳一下自己，享受一下年轻的生命，谁知房贷、车贷又来了。刚刚摆脱了一座小山，又背上了一座大山，犹如一只负重的蜗牛，在负债的道路上步履蹒跚。

某杂志社的李先生,每天至少要工作 14 个小时。他除自己的本职工作以外,还兼职做自由撰稿人。紧张的生活压得他喘不过气来。当问及他的收入时,他说:"大概有 6000 元,可是这样还是不够。"

这完全是他贷款买房造成的。为了还房贷,他不得不像个机器人一样快速运转,并且还想再挣些外快。正常的工作已经够让他疲惫了,再加上这些,他的生活显得要比一般人忙碌很多。到下午 6 点,李先生一下班,想到还有事情要忙,就觉得腰酸背痛,更没什么心情去吃饭休息了。

读了上面的例子,很多人可能会觉得深有同感。有很多这样背负贷款的人,都被巨额的还贷压力压得喘不过气。就算累得腰酸背痛,也要咬着牙硬挺。虽然贷款买房已经是很普遍的事情了,但是一旦你贷款的钱超过了你所能承受的范围,那它就成了痛苦和负担了。

所以,为了不至于因贷款而扰乱我们的生活,我们应掌握一些科学的贷款之道。

贷款,不仅仅是向银行申请填个表格,这其中还有很多内容。不想变成"房奴",不想变成"负翁",你就必须研究贷款里面的知识。

一、自我评估的学问

在贷款之前,你要学会的第一件事就是评估自己的经济实力。然后根据综合评估的数据，来确定购房的首期付款金额和比例。经济实力一般包括不动产和动产两大部分。

二、收支预算的学问

为了将来能更好、更快地还清贷款，你必须对家庭未来的收入及支出做出合理的预期。这其中一定要考虑各种可能的影响因素。一般来说，高学历的年轻人个人收入预期较高，还款的进度就可以适当加快。

三、计算可贷额度的学问

为了能确定自己的可贷额度，以免过度增加自己的还贷压力，你应当根据自己的收支情况，按照每月的家庭收支余额来计算可贷额度。而且，在计算的过程中，还要考虑到家庭收支情况的变动，以免出现财务真空。

四、规定借款年限的学问

很多时候，你会发现，有的人怕自己到时候还贷会有压力，于是就选择尽可能长的贷期。其实，这样不一定合适。如果你的收入没过多久就有了较大幅度的增长，于是你有了相当一部分还贷款的能力，甚至可以还清全款。那就没必要等到几年甚至十几年后再来还款。不过若此时你提前还贷，就要浪费一笔违约金，对你十分不利。所以，对于大多数工薪族来说要慎重考虑借款期限。不过对于一般人来说，15～20年就足够了。

要理性运用贷款，还要知道贷款过程中的一些注意事项，这样才能避免因为还贷压力而给自己的生活造成不良影响。

一、切合实际的借贷

在贷款之前,你最好注意到你的贷款数额以及每次还贷的数额一定要与你的资产状况相符合。要适度合理地借贷。这点你必须要有清楚的认识。如果你所借的数额远远超过了你的偿付能力,那你以后将不可避免地要成为"债奴"。

二、杜绝过度消费

你借的钱,贷的款,并不是为了满足你无止境的消费。在花钱的时候,你并不觉得奢侈,可是偿还的时候该怎么办?你必须改掉过度消费的错误习惯。否则,小钱就会变巨款,总有一天你会吃到自己为自己种下的苦果。

三、警惕各种风险

在一波波的购房热后,不少家庭都看到,即便买了房,由于对自己的还贷能力估计过高,对金融市场上的隐性风险没有过多认识,从而忽略了利息风险、个人意外险和财产风险。结果,当被忽略的风险突然冒出来的时候,借贷者很快就感到力不从心,越来越还不起了。

贷款是一把双刃剑,超过自己承受范围的过度贷款会给借贷者带来巨大的经济压力,不利于个人财富的运转。而科学合理的贷款可以有效利用银行的资金,促进财富的增长和个人生活水平的提高。

巧用房贷，由房奴变房主

住房对一个人或一个家庭来讲，是头等大事，要解决住房问题需要很多金钱，这可不是一个小数目，对许多人来讲都有一定的难度，这时我们就需要"房贷"。房贷是个人住房贷款的简称，是指银行向借款人发放的用于购买自用普通住房的贷款。借款人申请个人住房贷款时必须提供担保。目前，个人住房贷款主要有委托贷款、自营贷款和组合贷款三种。

为了让日后的生活过得轻松一些，选择一款适合自己的房贷产品显得尤为重要。很多时候，一个恰到好处的选择可以让你节省大笔的购房费用，而一个错误的选择则会让你的资金于无形之中流失。

从理财的角度讲，所有资产都可以进行经营管理并产生效益，房贷自然也不例外。它虽然不会产生收益，但是优秀的资源配置可以节省资金，从这个角度来讲，房贷也是可以赚钱的。老百姓完全可以找到适合自己的房贷产品和技巧，让房子变得更"便宜"，省下一笔不少的钱。

一、解决二套房贷压力，首选公积金

陈小姐，32岁，某设计公司职员，税后月入10000元左右，单位按规定为其定时缴存住房公积金。2006年，陈小姐通过商业贷款按揭购买了一套总价65万元的一居室，贷款总额为30万元。2007年，由于银行持续加息，陈小姐选择提前部分还

贷，后剩15万元继续按揭，月供1700元，无还款压力。由于年末要接父母来京养老，陈小姐决定再购置一套总价100万元的两居室给老人住，需要贷款55万元，但现在的银行政策对个人购置二套房产贷款利率要上浮10%，如果贷款25年的话，两套房产的月还款就要5600元左右，超过了月收入的50%，贷款很难申请下来。

需求目标及症结所在：由于月供金额超标，难以通过银行申请，因此要想办法解决第二套住房贷款的高额利息压力。

经过计算，陈小姐完全可以通过公积金贷款55万元。计算下来，两套房产每月的月供不到5000元，对其生活不致产生太大影响。

专家建议：第二套房的高首付、高利率让不少置业者望而却步，因此有必要借助公积金的"力量"。建议有二次置业之想的购房者在首次置业时选择商业贷款，为使用公积金贷款购买第二套房做准备。

二、两代人接力还贷

聂小姐，27岁，2022年研究生毕业，目前就职于某合资企业，月薪14000元。其母53岁，月薪5000元，其父55岁，月薪6000元，家庭存款35万元，一家三口一直居住在父亲单位早年分配的一套80平方米的小两居室内，略显拥挤。孝顺的聂小姐希望给全家人改善一下居住环境，让父母能够安享晚年。几经筛选，全家人终于选中一套总价500万元的120平方米的小三居。

需求目标及症结所在：如果以聂小姐作为借款人，即使以最长的贷款期限30年来算，其现阶段的收入水平也无法满足银行的月供要求。但如果以父母作为借款人，因为接近退休年龄，只能申请到很短期限的贷款，月供压力承受不了。

专家建议：因为北京的租金持续在一个稳定的水平之上，所以在家庭住房"小换大"的过程中可以加以利用。另外，40岁以上的购房者以及刚参加工作、收入暂时不高、还款压力较大的年轻人选择"接力贷"较为合适。

此外，这里还给您介绍个人住房贷款的一些基本政策，希望对您购房有帮助。

一、贷款金额

按照中国人民银行的规定，个人住房贷款最高不超过房价的70%，也就是说，购房者至少要准备30%的首期付款。但国家考虑到中低收入群众的住房需求，对90平方米以下的仍执行首付比例20%的规定。

二、贷款方式

个人住房贷款主要有三种方式，分别是个人住房商业性贷款、住房公积金贷款和个人住房组合贷款。个人住房商业性贷款是银行用信贷资金发放的贷款。住房公积金贷款的资金来自职工缴存的住房公积金存款，因此这类贷款只贷给那些缴存住房公积金的人，但有金额上的限制。个人住房组合贷款是上述两种贷款的组合。

三、贷款利率

个人住房商业性贷款利率与公积金贷款利率一般也会调整，理论上将使用这种利率的贷款称为浮动利率贷款。浮动利率的具体调整方式由借款人与商业银行在签订贷款合同时协商确定。近年来，一些商业银行推出了固定利率的住房贷款。所谓固定利率贷款，指的是在一定时间内，不管国家如何调整利率，贷款人只根据贷款合同中规定的贷款利率支付利息。固定利率贷款和浮动利率贷款各有利弊，如果未来利率上调，选择固定利率贷款比较划算，可少付利息；如果未来利率下调，选择浮动利率贷款更合适。

四、还款方式

个人住房贷款一般有三种还款方式：一是一次性还清本息，这种方式比较少见；二是等额本息，就是每月以相等金额偿还本息，每次数额明确，便于购房者安排收支，适合未来收入稳定的购房者；三是等额本金，就是每月等额偿还本金，利息按月计算，这种办法的利息总额支出比前一种方法小，但前期还款压力较大。

五、贷款期限

个人住房贷款的最长期限为30年。购房者可以提前还款，不过需要向银行提出书面申请，征得银行同意。

对很多人来说，因房子而为银行"打工"，已是无法更改的事实。然而，只要掌握方法，巧妙利用房贷为自己解忧，由"房奴"变为"房主"是完全有可能的。

信用卡里有大学问

现代人对信用卡一点也不陌生，但是你知道用卡时应该注意些什么吗？有没有因为用卡不当而成为"负翁一族"呢？

顾名思义，信用卡就是记载你信用的卡片。你有良好的信用记录，银行才愿意核发信用卡供你使用，而消费状况和还款记录都是银行评估信用的重要参考。个人的消费状况和还款记录，是银行评估消费者信用等级的依据，若信用记录良好的话，未来向银行办理其他手续时，将会享有更好的待遇或者优惠条件。所以你的信用有多重要，你就应该把信用卡看得有多重要。

信用卡的出现，给很多人的消费生活带来了方便和乐趣，但是，当今社会上的"卡奴"与"房奴""车奴"同样流行。这不能埋怨信用卡，只能怪持卡人急功近利。我们必须清醒地认识到，信用卡只是一个工具，千万不要对"对账单"置之不理，每次都应准时还账。

一、要妥善保管好银行卡

银行卡应与身份证件分开存放，因为如果银行卡连同身份证一起丢失的话，冒领人凭卡和身份证便可到银行办理查询密码、转账等业务，所以卡、证分开保管会更好地保证存款安全。另外，银行卡是依靠磁性来存储数据的，存放时要注意远离电视机、收音机等磁场以及避免高温辐射；随身携带时，应和手机等有磁物品分开放置，携带多张银行卡时应放入有间隔层的钱包，以免数据被损害，影响在机器上的使用。

二、刷卡消费以后应保存好消费的账单

小张最近接到发信用卡的银行寄来的账单，有好几笔都不是自己花的，惊疑之余，他打电话到银行去查询。银行要求查看当初的客户留存联，但他早就丢掉了，由于没有证据，他只好付款了事。

这样的例子时有耳闻，现在有些不法商人会模仿客户的笔迹，向发卡银行申请款项。在签完信用卡后，收银台通常会给客户一份留存联，但有些人当场就把它丢掉，不做记录也不留下来核对账目。其实这种做法相当危险，最好是有个本子记录信用卡的消费日期、地点及金额，买什么物品或用途等，另将留存联贴在记录簿上，每月对账单寄来后，核对无误才将留存联丢掉。有些款项的账单未到，要等下个月再核对，但一定要留存证据避免付不该付的钱。此外，保存信用卡付费记录，还可令你在将来也能对曾买过的东西一目了然。

三、"最低还款额"不要轻易用

小丽懊丧不已，上期欠款本来有1900元，但由于看到对账单上有一栏"最低还款额",她误以为这是提供的免息优惠,于是想当然只还了190元。结果银行默认她动用了循环信贷,将所有欠款从记账日起收取循环利息,于是白白支付了几十元的利息。

疑惑的不只小丽,很多初次接触信用卡对账单的持卡人,都不明白为什么与本期欠款并列,还有一栏名为"最低还款额"。事实上,"最低还款额"是为那些无力全额还款的人士准备的,一旦你按照最低还款额还款,也就动用了信用卡的"循环信用",银行将针对所有欠款从记账日起收取利息。

四、信用额度常记心中

越是这些习以为常的常规项目,人们越是容易掉入误区。一般情况下,超过发卡机构批准的信用额度用卡时,不享受免息待遇。这就需要我们关注另外一个项目——信用额度。

在信用卡对账单的右上角,通常有专栏提示你有多少信用额度。所谓信用额度,就是信用卡持卡人被允许透支的总额度。大家常有的误区是,忘记了自己的信用额度。信用额度少用倒没什么,如果一不小心超出,不仅不能享受免息待遇,还会被收取超限费。

五、尽量不用信用卡取现

千万不要用信用卡取现金,除非是万不得已的情况。银行发信用卡,主要目的是为了让客户多消费,赚取更多佣金,如果客户用现金消费,银行就赚不到钱。所以,信用卡的通行惯例是，取现要缴纳高额手续费。有些银行的取现费用高达取现金额的3%，取1000元，要缴纳30元的手续费。

即便是为了应急，取现后也一定要记得尽快还款。因为银行普遍规定，取现的资金从当天或者第二天就开始按每天万分之五的利率"利滚利"计息，不能享受消费的免息待遇。这也是信用卡与借记卡的重要区别之一。

六、不要上了"异地刷卡全免费"的当

不少银行都发行了自己品牌的信用卡，并且提供了"异地外币刷卡，本地人民币还款"等多种异地、跨行的金融服务。然而，各家银行对于所提供的这种服务制定的收费标准不同，因此，无论是信用卡还是普通卡，持卡人打算在外地或者出国使用之前，一定要弄清楚自己享受的银行服务所需缴纳的手续费。异地刷卡会给持卡人带来一些额外的支出。

七、网上用卡要注意

除在日常生活中注意用卡安全外，在网上用卡也要多留心。选择较知名、信誉好、已经运营了比较长的时间且与知名金融机构合作的网站，了解交易过程的资料是否有安全加密机制。向你熟悉的或知名的厂商购物，避免因不了解厂商，而被盗用银行卡卡号或其他个人资料。若用信用卡付款，可先向发卡银行查询是否提供盗用免责的保障。注意保留网上消费的记录，以备查询，一旦发现有不明的支出记录，应立即联络发卡银行。

合理地使用信用卡确实可以为你的生活带来很大的便捷，但同时更需要警惕无节制地刷卡。因此，理性地控制冲动的刷卡行为才可以玩转信用卡，趋利避害，让信用卡更好地为我们服务。

第十章

做家庭财富的管理师，筑好守护一生的财务保障

会理财才能当好家

身处现代社会，没有什么东西是永恒不变的，安逸的生活更是。面对多变的世界，我们每个家庭必须做好理财工作，用科学的理财规划筹划家庭的未来。

家庭理财是理财学中的一个极其重要的分支，它的推广运用为现代家庭带来了很多方便。

从概念上说，家庭理财就是在家庭当中学会有效、合理地处理和运用金钱，简单来说，就是要会花钱，让自己的花费能够发挥最大的功效，使买到的东西物有所值。在家庭中，通过利用企业理财和金融投资等方法对家庭经济（主要指家庭收入和支出）进行计划和管理，可以增强家庭经济实力，提高抗风险能力，增大家庭效用。家庭理财不是单纯地让你一定把一分钱掰成两半花，而是要你在节省之余合理分配剩下的钱，使

家庭理财规划五大要点

学会节流
这个月的开销要减少10%,存进定投基金里面。

做好开源
我们该做一个计划来开源理财了。

善于计划
有了这个理财计划,以后的生活会越来越好。

合理安排资金结构

根据自己的需求和风险承受能力考虑收益率
对不起,我只能购买中低利率的理财产品。

"钱生钱"。

俗话说："吃不穷，穿不穷，不会算计一生穷。"家庭收支要算计，"钱生钱"也要会算计。而这种算计，就是我们平时所说的理财。人的一生，总是会遇到一些生老病死、衣食住行方面的问题，而这些问题的解决都离不开钱，因此，家庭理财是我们每一个人都应该掌握的一门功课。

全职太太晓杉是一个非常幸福的女人，拥有一个优秀的丈夫和一对可爱的双胞胎女儿，过着令人羡慕的生活：能力卓群的丈夫在外为家打拼生活，让她可以安然地在家相夫教子，闲来养养花逛逛街，全然不必考虑现代生活的巨大压力，生活得可谓非常悠哉。

然而，现在这一切都改变了，晓杉的丈夫因为生意上的一次失败遭受了打击，沉重的压力使他在一次疲劳驾驶中遭遇了车祸，结果车毁人亡。伤心的晓杉处理完丈夫的后事后，强打精神开始安排今后的生活。

本以为丈夫生前的收入足以保障她和两个女儿未来的生活，然而在整理丈夫遗产的过程中她才发现，丈夫并没有多少财产，他生前几乎把所有积蓄都做了投资，而这些投资大多是亏本买卖。更糟糕的是，他们现在居住的房子都是贷款买的，目前还欠银行将近60万元。面对这"可怕"的一切，离开职场已久且没有什么职场优势的晓杉欲哭无泪，真不知道该怎么生活下去了……

正所谓，人无远虑，必有近忧。晓杉的案例充分证明了这一点。晓杉的家是不幸的，然而这种不幸并不是不可避免的。如果晓杉或其丈夫之前能够做好科学的家庭理财规划，对家庭财产做一个很好的安排，相信变故发生后，晓杉即使恢复不了先前的安逸生活，也不会落到面对"可怕"的一切。

金银财宝，生不带来，死不带去。因此，我们应该在自己的有生之年好好对金钱进行合理的规划，让这些财富取之有道、用之有道，为自己和家人的生活增添乐趣和幸福，让这些财富能够充分为我们所用。

然而，就目前的经济状况来看，我国还属于发展中国家，这就意味着中国绝大部分的家庭还是处于低收入水平，家庭财务状况还不是很理想，因此，更需要一种经济实用、能让财富发挥出最大效益的财务规划手段，也就是家庭理财。具体来说，家庭理财在现阶段具有以下5种最重要的优势。

一、家庭理财能够分散投资，规避风险

众所周知，每一种投资都会伴随着风险，我们所要做的，就是巧妙地将投资风险的概率降至最小，使之不足以影响我们的生活质量。在家庭理财中，我们应该遵循这样一种投资规则："不要把全部的鸡蛋放在一个篮子里。"也就是说，家庭理财，我们要分散投资，规避风险。因为好的理财活动不仅要能规避风险，还应该收到增加收益的效果，这样就需要我们对家庭财产进行合理的配置，规划出一套最实用的投资理财结构。

那么，究竟怎样的一种投资结构才是最合理、最能规避风险的呢？怎样才能最大限度地进行资产合理化优化组合呢？一般来讲，最大众的投资搭配方式应该是：在家庭总收入中，消费占45%，储蓄占30%，保险占10%，股票债券等占10%，其他占5%，这样的投资搭配结构既能保证我们的生活水准不降低，又能规避风险，还能适当增加收入，是一种较为稳妥的投资理财结构。

二、家庭理财能够聚沙成塔，积累财富

家庭财富的增加取决于两个方面，一方面要"开源"，即通过各种各样的投资和经营活动增加自己的收入；另一方面要"节流"，即通过合理规划，减少不必要的开支。家庭理财的一个至关重要的作用就是能够帮助我们将多余的财富进行合理规划，让"小钱"积累成"大钱"。很多人认为生活中的一些细微开支不需要算得那么清楚，但是，长久下去，这将成为家庭中的一个沙漏，总是在不经意中将家庭财富毁灭于无形，因此，必须用理财这个工具将这个沙漏彻底堵住，不该花的钱一分也不能花。只要我们养成合理规划消费的习惯，慢慢地，我们就会发现，那些看似不起眼的小钱一样能成为家庭财富中一笔可观的收入。

三、家庭理财可以防患未然，未雨绸缪

人的一生不可能永远一帆风顺，虽然我们并不希望遭遇到一些不测，但是命运不会一直按照我们想要的为我们安排，生活中还是会有一些意想不到的事情让我们烦恼，甚至陷入窘境，因此，我们必须在平时注重家庭理财，做到未雨绸缪，防患于未然。合理的家庭理财不仅能够增加一些家庭收入，还能让我们在遭遇突发事件时应对自如，不至于手忙脚乱。购买保险、储蓄……这些平时对我们生活并不会造成很大影响的投资方式将会在特定情况下发挥不可估量的作用，为我们雪中送炭。

四、家庭理财能够稳妥养老，安度晚年

人总会有年老体弱的一天；总会有干不动的一天，这就需要我们在年轻的时候对自己的晚年生活进行妥善的安排，让我们的晚年过得有尊严、有自信。现在，社会上大多数年轻人都是独生子女，如果让一对夫妇同时赡养四位老人，除非这对夫妇是腰缠万贯的富翁，否则是根本不可能的。所以，晚年的幸福生活归根结底还是要靠自己。因此，我们年轻的时候一定要做好理财规划，合理稳妥地进行理财，为退休后的晚年生活储备出足够的生活保障金，让自己有一个幸福、独立、自尊的晚年生活。

五、家庭理财能够提高生活质量

由于对家庭财富进行了合理的规划和安排，家庭成员的生活就有了很好的保障，在此基础上，随着理财规划的进一步合理化，家庭的风险抗拒能力将会越来越强。随着家庭收入的不断增多和理财规划的不断合理化，家庭的奋斗目标也将会一步步实现。从租房子到自己买房子，从坐公交车到自己买车，从解决温饱到能够自主旅游……奋斗目标一步步实现的同时也让家庭成员的生活质量得到了很大的提高，这一切都离不开理财的功劳。

现实生活中，很多人对家庭理财这个概念并不理解也不重视，但实际上这个概念却是你以后生活中最重要的词之一，理应对其有所重视。

认识家庭理财的两大难

从某种意义上说，家庭理财和个人理财并没有多大的区别，应该遵循的道理都是一样的，都是合理、有效地处理和运用钱财，让家庭的收入和支出发挥最大的效用，以达到最大限度地满足日常生活需要的目的。

然而，家庭理财和个人理财虽然区别不大，但在具体的实施细则上还有着些微差别，这就导致出现这样一种现象：很多人单身时很会理财，把自己的财富生活安排得十分妥当。然而一旦步入婚姻殿堂，却无论如何都做不好家庭理财规划，不是与另一方因小分歧而产生矛盾，就是考虑得不周全，以致提起家庭理财就有点"找不着北"。

其实细究下来，这些人之所以处理不好家庭理财的关系，一方面在于欠缺理财理念，另一方面则是未对理财目标加以定位，显得甚为盲目。其实，家庭理财并没有那么难，每个家庭只要明确理财目标，想好了再行动，就有希望将之实现。家庭理财并不是一件简单的事情，也存在重重困难。

首先，难以下定决心。

做出家庭理财这个决定是迈出理财的第一步。有人说，我家的总收入就没多少，不需要理财，这是绝对错误的，这正是一些人终身贫穷的根本原因。因为理财不仅使家庭有形资产增值，而且会使家庭内部的无形资产增值。也有许多人认为，理财等于节约，进而联想到理财会降低花钱的乐趣与原有的生活品质，与美食、漂亮的名牌服饰都告别了，甚至还会被大家看作吝啬的守财奴。这样的生活恐怕是大多数崇尚时尚与品位的年轻人无法承受的。享受生活对于热爱消费的年轻人来说，是乐趣也是花钱的动力源泉。难免会不屑于理财，或觉得理财离他们太遥远。

其实，理财并不是一件困难的事情，而且成功的理财还能为你的家庭创造更多的财富，困难的是自己无法下定决心理财。如果你永远不学习理财，终将面临坐吃山空的窘境。许多功成名就的社会精英，其成功的重要因素之一，就是有正确的理财观。而越成功的人就越重视理财，因为他们早已体会到了理财的乐趣和好处。

万事开头难，在理财中最难的莫过于下定理财决心。如果你做出了决定，其余的事情相对来说就都是小事情了。实际上,无论什么事情,做决定都是最困难的。这个世界上,谁最关注你的财富?谁最关注你的家庭?是你自己!实际上任何理财活动都是需要你自己去决策的。就算是你找到了一个真正的理财专家帮你,他也只会给出建议,最终的决策还得靠自己。所以要想达到理财目标,必须自己参与理财活动,提升你的理财能力。

其次,难以持之以恒。

家庭理财,贵在持之以恒,循序渐进。面对财富,我们不能只停留于想象,更重要的是要运用一些合理的可操作手段来处理它,坚持做下去,使之像滚雪球一样越滚越多。

世间最容易的事是坚持,最难的事也是坚持。说它容易,是因为只要愿意做,人人都能做到;说它难,是因为真正能做到的,终究只是少数人。家庭理财不是一朝一夕就能够完成的事情,成功的家庭理财就在于坚持。这是一个并不神秘的秘诀,但是做到却是真的不容易。

真正阻碍我们持之以恒的往往是惰性。它是以不易改变的落后习性和不想改变老做法、老方式的倾向为指导,表现为做事拖拖拉拉,爱找借口,虚度时光而碌碌无为。在财富的规划上也是一样。很多人不是没有对财富目标的畅想和追求,只是想法和目标往往在拖拉与借口中变成了泡影。财富就像草原上疯跑的羊群,我们只有早一天拿起鞭子把它们赶进自己的羊圈,才有可能早一天收获财富。如果当第一只羊从你面前跑过去的时候,你因为正在睡觉而没能及时把它圈住;当第二只、第三只羊从你面前跑过时,你又因为正在吃饭没能圈住,一而再再而三,最后只好望"羊"兴叹了。

规避理财惰性的最好办法就是给自己定上一个"闹钟",时刻提醒着,让我们避免各种借口下出现的疏漏。基金定投就好比一只家庭理财的"闹钟",通过定期定投的强制性来克服人们与生俱来的惰性,从而聚沙成塔,获取长期投资收益。同时,基金定投还具有摊薄成本、分散风险以及复利增值的优点,比较适合有固定收入的上班族、于未来某一时点有特殊资金需求者以及不喜欢承担过大风险的投资者。

就像春天的播种是为了秋天的收获一样,今天的理财也是为了明天的收获。等待秋收的老农从不吝啬耕耘的汗水,同样等待收获的我们又有什么理由吝啬于打理财富呢?

从今天做起,下定理财决心之后,做好理财规划,然后每天每月地坚持把理财计划落实到位,明天你也可以成为富人。

做好家庭收支预算

随着社会经济的发展,老百姓的生活水平越来越高,家庭的闲置资金也越来越多,且家庭的开支项目也越来越纷繁复杂。如果说前些年老百姓生活水平低、收支渠道单一数额固定的情况下，家庭收支预算并不能为家庭理财带来什么好处的话，那么，在如今老百姓收支渠道多样化的情况下，如果没有做好家庭收支预算，想要做好家庭理财工作几乎是不可能的事情。

至于家庭收支预算在家庭理财中的作用有多大，我们可以举例来看：如果你的家庭收支预算表显示你家每月有余钱，你可以实行一个定期储蓄计划，或者新申请一宗贷款然后用每月的余钱偿还。这时你就要注意了：必须绝对肯定自己有余钱负担每月还款或供款额，才可以申请贷款或实行定期储蓄计划。反之，如果你的收支预算表显示你家入不敷出，你必须找出原因。如果只是短暂的入不敷出，你或者可以透过动用储蓄或使用信用卡签账等方法解决这类短期问题。但是，如果你家每个月月底都入不敷出，唯一的解决办法就是缩减开支或增加收入——由此可知，在做好家庭收支预算的情况下，你会对家庭的收与支有详细的了解，进而做出具体的理财规划。从这个角度可以说，做好家庭收支预算是我们做好家庭理财工作的基本条件之一。

那什么是家庭收支预算呢？

一般地说，家庭收支预算包括年度收支总预算和月度收支预算。按照"量入为出"的原则，制定年度收支总预算首先要明确家庭在未来一年要进行多少储蓄和储备，这样一方面达到家庭资产按计划增长的目的，同时还要防备未来的各种不时之需。

每个家庭都应该做好家庭收支预算,作为家里的顶梁柱的男人更是应该如此,这样你的小家庭才会更和谐、更幸福。如果你不做好家庭收支预算,生活中万一遇到一些不时之需时,你会手忙脚乱,还会给你增加更多的困难。反之,如果你做好了家庭预算,对家庭的具体花销和收入心中有数,当面临不时之需时,也不至于手足无措。

国庆节还没到,刘太太就开始规划未来一个月的家庭理财计划,她在纸上一笔一笔地记着:给丈夫换一个拍照功能好的高档手机,因为丈夫的手机实在太落后了;给儿子买一双耐克牌的运动鞋,因为儿子已经不止一次地在她面前提起这个要求了;给自己买一台手提电脑,这样下班后也可以在家轻松办公了;给双方父母的赡养费各1000元,这是家庭中每月都必须支出的一项;另外,国庆长假他们还计划去海南旅游,因为沐浴南国阳光一直是他们全家的梦想……刘太太将这些计划一一列在纸上之后就开始算费用,最后得出的费用是23580元。

晚饭后,刘太太兴致勃勃地将计划拿给丈夫看,希望能从丈夫那里讨来一点赞扬,但是丈夫只是草草看了一下计划单,并没有表态。刘太太问:"你觉得这样的计划不好吗?"

丈夫微微一笑说:"你计划得很好,可是你考虑咱们的家庭收入了吗?"丈夫点了一支烟,慢慢地说:"你我一个月的工资加起来也不过一万多块,可是你的这个计划却远远超过了咱们一个月的总收入啊!要我说,我们不妨这样规划。"说着,丈夫拿过计划单，用红笔在上面画着："手机无非就是为了联系方便，照相功能再好也是辅助功能，真要是想照相，还是真正的相机来得实惠。咱家不是有相机吗？这项开支完全可以省去。儿子的耐克运动鞋可以在国庆节商家打折促销的时候买，能比平常省去200元。你的手提电脑完全可以缓一缓，等到下个月再买。双方父母的1000块钱是必须给的，这一项很好。沐浴阳光享受海滩不一定非要去海南，我们可以选择只有三个小时车程的青岛，这样不是把机票全部省下了吗？这样一算，我们的预算支出才7000元，完全可以玩得尽兴。"

就这样，在刘先生的引导下，他们一家三口度过了一个十分快乐的长假，而且还富余了5000块钱，这些钱，留到下个月给刘太太买一台笔记本电脑足够了。

在我们的日常生活中，家庭预算无时无刻不引导着我们的生活，如果我们在生活中不懂得理财预算，有了钱就毫无节制地大手大脚乱花一气，没有钱就节衣缩食借债度日，不仅不能攒下家底，还会造成很严重的财务危机，让我们没有一点抗御风险的能力。因此，我们必须要善于进行家庭理财预算，让我们的生活有计划、有规律。那么，如何进行合理的家庭预算呢？

1. 在态度上要重视起来，要树立一种"像打理公司一样打理家庭"的严谨理财观，这样就能在有效地控制家庭成本的基础上，以一种更加适合自己的方式轻松快乐地生活。

2. 最好选择以月份为单位的家庭预算。相对于企业预算而言，家庭预算更应该侧重于以月份为预算单位，这样更便于随时调整预算，增加对一些突发事件的抗风险能力，同时也能根据实际需要增加一些预算之外的开支，灵活性相对来说更大一些。

3. 注重细节，锱铢必较。家庭预算在经历了一段较为粗放的理财之路后应该逐渐将预算的注意力转变到对细节管理上来。这样做出的家庭理财预算目的性强，贴近生活，真实可行，才可以称为有效的家庭预算。

4. 预算要遵循"张弛有度，有备无患"的原则。俗话说："人算不如天算。"日常生活中我们总是会遇到一些原本是计划之外的开销，比如：疾病、车祸、礼尚往来份子钱等，这些原本不在我们预算计划内的开销往往让我们手足无措，因此，我们在制定预算的时候一定要在严密的基础上预留出一部分活动资金。要知道，家庭预算就好比打仗，有备无患方能百战不殆。

5. 要根据不同家庭的特点分门别类进行预算。每个家庭都有不同的开支科目，例如有的家庭供房的支出较大；有的家庭还在租房，要计划购房首期的房款；有的家庭需要赡养父母，赡养支出较重；有的家庭把生活的重点放在旅游上，旅游基金要求高；有的家庭都是公务员，有着较完善的保障制度；有的家庭是个体经营者，需要通过保险等方式进行自我保障。因此，要针对自己家庭的实际情况，将预算科目进行分类，这样的预算才是切实有效的家庭预算。

综上所述，家庭预算一定要切实可行，一定要有理有据，只有这样才能让你和你的家人在一种有保障、有计划、有安全感的环境中充分享受现代化生活所带来的乐趣。

不可或缺的五张保单

自古以来，安全与保障都是我们人生的基本需求。人生中的不同阶段会面临不同的财务需要和风险，由此产生的财务需求均可通过保险来安排。保险的功能在于提供生命的保障、转移风险、规划财务需要，购买保险已成为一种重要的家庭理财方式。提起商业保险，许多人爱恨交加。爱是因为它是生活必需，恨是因为条款太过复杂，听上去总是一头雾水，难以选择。

其实，挑选保险产品首先要考虑的是自己和家人处在人生的哪个阶段，有哪些需求是必须保证的，再根据不同阶段的不同需求，结合家庭经济状况，选择适合的产品。

保险首要的功能就是保万一。它具有将人们老、病、死、伤带来的经济风险转移给保险公司的功能，使人们保持生命的尊严，家庭保持正常的生活水准。其次，它又是一种规划家庭财务、稳健理财的有效工具，让人们在"计划经济"下平安一生。同时，它还具有储蓄、避税、投资等功能。人们可以根据不同险种的不同功能，选择适合自己的产品。

从踏上红地毯那一刻，家庭生活即拉开帷幕。购房、购车、养育孩子、治病、养老，在整个历程中，至少要选好5张保单。

第一张保单：大病保单——堵住家庭财政的"黑洞"

理财专家常说，疾病是家庭财政的黑洞，足以令数年辛苦积攒下的财富瞬间灰飞烟灭。

现行的医疗保障体系也不容乐观。一方面，现有的医保制度是以广覆盖、低保障为基本原则的，而且随着参保人员的不断增加，保险受益会"越摊越薄"；而另一方面，医药费用每年都在以一个不小的比例增长。这之间的差距无疑会给家庭带来更沉重的经济负担，何况医保也不是百分百报销，还有不少自费项目、营养和护理等花费，因此看病的花费真是"无底洞"。

再有，医保实行的是个人先垫付、医保机构后报销的制度，如果生一场大病，需要几万元甚至几十万元医治，那么自己就必须先垫付这几万元或者几十万元钱。你准备好了吗？

购买商业重大疾病保险，就是转移这种没钱看病的风险、及时获得经济保障的有效措施。每年将一部分钱存入重大疾病保险账户，专款专用，一旦出险，就可以获得保险公司的赔付，甚至会收到以小钱换大钱、使个人资产瞬时增值的效果，以解燃眉、救命之急。

重大疾病保险只赔付保单所约定的大病，如果得了其他的病，需要住院手术，想获得赔付，就要选择一些适合自己的附加险种，如防癌险、女性大病险、住院医疗险、住院收入保障保险等，还可以大人上大人险，小孩上小孩险，经济实惠。

第二张保单：人寿保单——爱的承诺，家的保障

有很多人在订婚的时候，男方要买一张寿险保单，以女方为受益人，这是一种爱与责任的体现。结婚后，夫妇双方各买一张以对方为受益人的保单，在自己出现意外之时，爱人仍然可以在原有的经济保障下维持正常生活。

花明天的钱、花银行的钱已经不是生活时尚，而是生活事实了。虽然背着贷款的日子过得有滋有味，可是，万一家庭经济支柱出了问题，谁来还那几十万元甚至更多的银行贷款？这个风险也可以用人寿保单转移。开始贷款时，应该计算出家庭负债总额，再为家庭经济支柱买一份同等金额的人寿保险。比如贷款总额是80万元，就可为家庭经济支柱买一份保额为80万元的人寿保险，一旦生活中出现保单条款中约定的变故，就可以用保险公司的赔付金去偿还房贷与车贷。这张保单就是为个人及家庭提供财富保障的。

当我们选择这类险种时，一些小的细节也不能忽略。比如买房险不一定去指定的保险公司，可以像购买其他商品一样货

比三家，当然首先应选择有实力的品牌公司和符合自己利益的条款。

第三张保单：养老保单——提前规划退休生活

30年后谁来养你？这是我们现在不得不考虑的问题。我们努力工作、攒钱，习惯性地把余钱存入银行，但面对通货膨胀的压力，我们的存款实际在"缩水"。而且，在"只生一个好"的政策下，我们中的绝大多数只有一个"宝"，可你想没想过未来出现两个孩子负担4个老人生活的局面，对孩子无疑是一种巨大的压力。规划自己的养老问题，是对自己和儿女负责的表现。

我们的社会保障中也有一份基本养老保险。个人缴费年限累计满15年，可以在退休后按月领取基本养老金，其金额取决于你和单位共同缴费的数额、缴费年数和退休时当地职工社会平均工资标准。但这只够维持一般的生活。

如果想在退休后直至身故仍能维持高质量的生活，那么从参加工作开始，就考虑买一份养老保险吧。养老保险兼具保障与储蓄功能，并且大多是分红型的，可以抵御通货膨胀，所得的养老金还免交个人所得税，这个险种买得越早越便宜，收益越大。

有些人会认为养老的事等老的时候再考虑也不迟，事实上那已经晚了。在能赚钱的年龄考虑养老问题，未雨绸缪，才是最有效的。

第四张保单：教育及意外保单——孩子健康成长的财政支持

准备教育基金有两种方式：一种是教育费用预留基金。另一种方式是买一份万能寿险，存取灵活，而且另有红利返还，可以做大额的教育储备金。

儿童意外险是孩子的另一张必备保单。儿童比成人更容易受到意外伤害，仅2003年，北京就有5万名儿童受到不同程度的伤害，而儿童意外险可以为出险的孩子提供医疗帮助。

有些家长为表示对孩子的关爱，会为孩子购买金额非常大的保单，甚至超出为父母购买的保单金额，从理财角度来说，这是不理性也是没必要的。保单的规划原则一定是为家庭支柱购买足额保险，这样才能保证家庭的财务支出在遇到风险时也能稳健前行。

第五张保单：遗产避税——不得不说的"身后"事

50岁以后，另外要考虑的是遗产问题。遗产税是否开征虽然争论多年，但它是社会财富积累到一定阶段的必然，只是一个时间问题。另外，遗产税税率很高，国内讨论中的税率约40%，这对很多人来说都是难以接受的事情。因此，保险避税已经成为很多中产人士的理财选择。

遗产避税可以选择两种保单，一种是养老金，另一种是万能寿险。因为无论被保险人在或不在，养老保险都可以持续领20年。只要将受益人指定为子女，就可以在故去后规避遗产税。

万能寿险也是同样的原理，将受益人指定为子女。存第一次钱后，随时存，随时取。身故后所有的保险金也都将属于受益人。

五张保单，是对家庭未来生活的一种安排，保的是一种致富的能力，保的是让今天的拥有在明日依然存在并且更加富足，它与家庭理财的其他方式共同构成了一个不可分割的整体。因此，想要成就一个快乐富足的家庭，就请拿下这五张保单吧！

AA制家庭理财攻略

在中国老百姓的传统观念里，一个家庭中，夫妻双方必须由一方作为"内当家"，所谓"家有千金，不添双芯"，说的就是只能由一个家长掌管钱财之意。

然而，这毕竟是一种老观念、老的理财方式，在现代环境下已经不能一概适用。对于现代人来说，夫妻收入有高有低，双方属于个人自主性的开支越来越大，尤其是工资由银行代发后，很少有一方在工资发放日从银行领出交"内当家"管理的。于是，过去那种夫妻一方担任"财政部长"、独揽"财政大权"的老方法已经跟不上时代的潮流了，也越来越被很多现代人，尤其是年轻家庭所放弃，而以"AA制"理财方式取而代之。

李先生和许女士结婚一年多，两人都是白领阶层，收入不菲，观念超前，婚前两人进行了财产公证，婚后又实行了 AA 制。两人各理各的积蓄和收入，并且有各自的责任分工，李先生负责供楼，每月偿还按揭本息；许女士负责供车，每月偿还汽车贷款。在日常生活中，双方每月各自拿出 300 元作为家庭开销，无论攒钱还是花钱均称得上是地地道道的 AA 制。

对于这种 AA 制理财方式，李先生是这么认为的：这种理财方式能够最大限度地发挥我们每一个人的特长，分散家庭投资的风险。再者，AA 制账目明晰、资产清楚，家庭成员财务独立自主，赡养老人、人情往来等开支体现了平等独立，也减少了夫妻之间不少的矛盾。

AA 制理财虽然有很多好处，然而，在具体的理财实践中，AA 制也有很多缺点。AA 制，同事们聚餐各自付钱，朋友一起出游提前凑份子，这样做的目的是公平，大家谁也不会占便宜，并且总能吃得自在，玩得开心。家庭生活中，也要 AA 制，各自为自己的消费埋单，是否会伤和气，太理性地过日子是否能长久呢？

为了使 AA 制更好地发挥理财作用，又不致影响家人之间的感情，理财专家对 AA 制提出了以下建议：

一、AA 制适合观念超前的家庭

实行 AA 制的先决条件是夫妻双方对这种新的理财方式都认可，如果有一方不同意，则不能盲目实行 AA 制。俗话说

"强扭的瓜不甜"，如果一方强行实行AA制，最终会因物极必反而影响家庭整体的理财效果。

二、AA制适合高收入家庭

实行AA制的主要目的不单单是各花各的钱，而且还是各攒各的钱。对于一些收入较低的家庭来说，两人的工资仅能应付日常生活开支。这时则没有必要实行AA制，采用传统的集中消费和集中理财会更有助于节省开支。

AA制适合夫妻收入相当的家庭。夫妻双方的收入往往有差异，如果丈夫月薪10000元，而太太仅收入1000元，这时实行AA制，难免有"歧视排挤低收入者"之嫌。从传统伦理上讲，夫妻收入差距较大的家庭不宜实行AA制。

三、AA制并不局限于各理各的财

对于那些不愿集中理财，也不便实行AA制的家庭，可以创新思路，实行曲线AA制。

首先，可以实行一人管"钱"一人管"账"的会计出纳制。这种理财方式由善于精打细算的一方管理现金，而思路灵活、接受新鲜事物快的一方则负责制订家庭的理财方案。这就和单位的会计、出纳一样，不是各人管各人的钱，而是以各自的分工来管小家庭的钱。

其次，可以实行"竞聘上岗"制。夫妻双方由于理财观念和掌握的理财知识不同，实际的理财水平也会有所差异，因此，擅长理财的一方应作为家庭的"内当家"。和竞争上岗一样，谁理财理得好、谁的收益高，就让谁管钱。如果"上岗者"在理财中出现了重大失误，这时也可以随时让另一方上岗，这种"轮流坐庄、优胜劣汰"的理财方式实际也是一种AA制，相对普通AA制来说，这种方式比较公平，避免了夫妻之间的矛盾，还能确保家财的保值增值。

四、应坚持公开透明的原则

虽然是AA制，但夫妻双方都有知情权，也就是夫妻双方应主动向对方通报自己的收入和积蓄情况。如果一方借AA制之名偷着攒自己的"私房钱"，时间长了，夫妻之间就多了戒备和猜疑，那就违背了通过AA制减少摩擦、提高生活质量的初衷。

五、建立必要的家庭共同基金

无论怎样实行AA制，一个小家庭也应当有自己的"生活基金""子女教育基金"，以及购房、购车等"提高生活质量基金"。根据夫妻收入情况，每人可以拿出一定收入放在一起进行储蓄或投资，专款专用，这样更利于家庭理财的长远规划。

六、AA制不是斤斤计较

实行AA制不能天天为你的钱、我的钱以及谁吃亏了、谁占便宜了这些小事而计较，不能成为100%的绝对AA制，"一家人不说两家话"，千万不能因AA制而疏远了对方。

七、双方都有义务维护家庭利益

无论理财和消费分得怎么清楚，在对家庭的贡献上都要尽力，不能因为AA制而忽视了对整个家庭的维护。虽然两人各理各的财，但不要忘了一个共同的目标，那就是为了小家庭的生活越来越好。

对于AA制家庭，众说纷纭。有些人认为AA制是锱铢必较，破坏夫妻之间的信任，像火焰一样灼伤婚姻和谐。但也有人说，AA制就像海水一样，滋养人性的独立，更能体现婚姻的平等和自重的本质，促进夫妻双方的感情。其实，在家庭理财中，是否采取AA制的方式，要视我们的具体情况而定。如果你的家庭比较适合这种方式，不妨采用，只要在过程中注意防范和规避一些容易产生矛盾的小分歧，就不会有什么大问题。

低收入家庭的理财之道

低收入家庭很容易认为"理财"是一种奢侈品，他们大多认为自己收入微薄，无"财"可理。这种想法正确吗？低收入家庭该如何投资理财呢？

低收入家庭不能只是一味叹息钱少，不够花，而应该巧动心思，学会理财技巧，只要长期坚持，一样能够攒下数目不小的一笔钱。

一、压缩开支，养成长期存储的习惯

要获取家庭的"第一桶金"，首先要减少固定开支，即在不影响生活的前提下减少浪费，尽量压缩购物、娱乐消费等项目的支出，压缩人情消费开支，延缓损耗性开支，实施计划采购等保证每月能节余一部分钱。如果把生活费用控制在1000元内，这样家庭节余有500元。

其次，定时定额或按收入比例将剩余部分存入银行，每月领到工资后第一件要做的事就是去银行存款，即存一个定额进去，或者根据这个月的开支做一个大概的预算；然后将本月该开支的数目从工资中扣去，剩余的部分存入银行，并养成长期存储习惯。

最后，夫妻俩还可以在能力允许的前提下，搞点儿副业，增加家庭的收入。而读大学的儿子也应该明白父母生活的艰辛，用勤工俭学和拿奖学金的方式赚出自己的生活费，减轻学费负担。

二、通过购买保险提高保障

这个家庭有项亟待解决的问题，就是没有任何保障，风险防范能力低。因此，低收入家庭在理财时更需要考虑是否以购买保险来提高家庭风险防范能力，转移风险，从而达到摆脱困境的目的。在金额上，保险支出以不超过家庭总收入10%为宜。建议低收入家庭选择纯保障或偏保障型产品，以"健康医疗类"保险为主，以意外险为辅助。

对于关先生一家，比较理想的保险计划是购买重大疾病健康险、意外伤害医疗险和住院费用医疗险套餐。如果实在不打算花钱买保险,也要买份意外险,万一发生不幸,赔付也可以为家庭缓解一些困难。

三、进行风险性小的投资

对于关先生家这样的低收入家庭来说,风险承受能力较低,所以股票、期货市场是不应轻易进入的,风险较大,可将剩余部分资金分成若干份,进行必要的投资理财。

投资方面,考虑到关先生一家目前的经济状况,应该选择风险小,收益稳定的理财产品,如银行存款、货币市场基金、国债。

假如你现在有10000元积蓄,理财专家建议你把1万元分成5个2000元,分别做出适当的投资安排。这样,家庭不会出现用钱危机,并可以获得最大的收益,你可以采用如下的投资方式:

1.用2000元买国债。这是回报率较高而又很保险的一种投资方式。

2.用2000元买保险。以往人们的保险意识很淡薄,实际上购买保险也是一种较好的投资方式,而且保险金不在利息税征收之列。尤其是各寿险公司都推出了两全型险种,增加了有关"权益转换"的条款,即一旦银行利率上升,客户可在保险公司出售的险种中进行转换,并获得保险公司给予的一定价格折扣、免予核保等优惠政策。

3.用2000元买股票。这是一种风险最大的投资方式,当然风险与收益是并存的,只要选择得当,会带来理想的投资回报。除股票外,期货、债券等都属这一类。不过,参与这类投资,要求有相应的行业知识和较强的风险意识。

4.用2000元存定期存款。这是一种几乎没有风险的投资方式,也是未来对家庭生活的一种保障。

5.用2000元存活期存款。这是为了应急之用,如家里临时急需用钱,有一定数量的活期储蓄存款可解燃眉之急,而且存取也很方便。

这种方法是许多人经过多年尝试后总结出的一套成功的投资经验。当然,每个人根据不同的情况,可以灵活选择。

中收入家庭的理财之道

中等收入的工薪家庭如何投资理财?应遵循哪些原则?

顾名思义,工薪阶层就是主要依靠工资奖金收入维持生活的阶层。一般而言,工薪阶层家庭有稳定的收入来源,家庭负担并不重,但面对诸如赡养老人、抚养子女、偿还贷款、准备子女读书基金、自己养老基金等种种支出,他们也会感到生活的沉重压力。很多人意识到,只有合理地支配财产,才能实现家庭资产的保值增值,使自己过上有规划而轻松的生活。

周先生,36岁,月工资近万元;妻子35岁,月工资3000

元。家庭月支出4000元。有一个6岁的女儿。家庭每月需给双方父母各500元。有一辆价值8万元元轿车和一套60万元的住房。有将到期的国债15万元，存款10万元。将来希望女儿能接受高等教育，最少也要供女儿大学毕业，预期未来每年的大学费用为6万元。并准备再过5年换一辆15万元的轿车。周先生一家该如何投资理财？

周先生一家目前处于家庭成长期，收入稳定，有一定积蓄，车、房等生活工具也已具备，家庭财务活动已经步入正常的轨道。但积攒买车款项、子女教育金和老人赡养费等问题摆在周先生面前，需要较大的资金支持。另外家庭流动资产比例非常低，如果家庭收入出现问题，对家庭影响较大。

对工薪阶层来说，他们虽然收入来源稳定，但由于总额不高，因此避免因出现意外开支而影响到正常生活的风险是必须考虑的。做一个稳健的投资者，是工薪阶层的最好选择。

一、工薪阶层需要加强风险防范能力，提高家庭财务安全系数

家庭一个非常重要的理财项目是准备家庭应急备用金，要预留出2万元作为3~6个月的消费支出，以保障家庭资产适当的流动性，其他存款可购买货币市场基金，短债基金等流动性极强的金融资产，因为其利率高于活期，免税且流动性强。

二、如何规划保险

"人有旦夕祸福"，保险既是幸福生活的保障，又是一切投资的基础。家庭理财，保险是不可或缺的一部分，青年人也需

要保障类保险。对于周先生这样的家庭来说，家庭的收入主要依靠周先生，周先生如果发生什么意外，这个家庭就面临着极大的风险，因此建议为周先生购买20年定期寿险，保额50万元，年交费约3000元，因为经常开车，需补充些意外保险，保额10万元，年保费约500元。应通过购买相应的人身及财产保险，来避免意外事故对家庭经济产生灾难性影响。

三、如何规划投资

从投资比例来看，周先生购买的国债比重过大，投资过于保守，可从中分配部分资金进行较高风险的投资，如股票。高风险的投资工具会为投资者带来比较高的收益，但也同时为本金的安全带来不确定性，所以在选择投资工具时还要兼顾低风险的投资工具，如定期存款、国债、人民币保本理财产品等。利用家庭存款进行金融投资，获取较高的投资收益。

在对每月结余的资金进行投资时，应以稳健为基本原则，不要盲目追求高收益、高回报，因为高收益的背后往往蕴藏着高风险。

一方面，对于工薪阶层来说，工作的收入是最主要的收入来源，因此，在投资之前，工薪阶层必须先要做到认真积极地工作，不断学习各项技能，保证工作稳定，收入稳步增长。在这之后才考虑投资的问题。

另一方面，由于时间、精力、相关知识掌握及资金等方面的限制，工薪阶层一般不宜直接进行实业投资，可以通过购买相关金融产品进行间接投资。在金融投资品种上，最好不要涉及高风险的期货、股票等投资，可以在相对稳健型投资产品里做选择，如基金、国债或一些银行推出的理财产品。

定期定额购买基金，应该是工薪阶层的一个很好的办法。基金定投是类似于银行零存整取的一种基金理财业务，可以到银行办理。开通基金定投后，银行系统会根据客户指定的基金及申请的扣款金额和投资年限，每月自动扣款购买基金。定期定额进行投资较单笔投资能更有效地熨平投资风险。一次性买进，收益固然可能很高，但风险也很大；而定投方式由于规避了投资者对进场时机主观判断的影响，与单笔投资追高杀跌相比，风险明显降低，更适合财富处于积累阶段的普通工薪阶层。而且，定期定额进行投资，有助于强制储蓄，培养良好的投资习惯。

四、多种投资都可尝试

如果想几年后买房，转换债券是个好的投资方向。这种债券平时有利息收入，在有差价的时候还可以通过转换为股票来赚大钱。投资这种债券，既不会因为损失本金而影响家庭购房的重大安排，又有赚取高额回报的可能，是一种"进可攻，退可守"的投资方式。另外，各国百姓投资的历史证明，股市长期科学投资是积累财富的最好方式，是普通人分享国民经济增长的方便渠道。

高收入家庭的理财之道

对高收入家庭来说，并不是收入多了就可以完全没有原则地随意支配。年收入在50万元以上的高收入家庭投资理财方案是什么？

张先生，35岁，高级工程师，年收入税后50万元，爱人李女士，30岁，律师，年收入税后15万元，公司每年出资用于全家保险。儿子6岁，在外地读小学，每年学费和生活费支出需6万元。张先生父母无社会保险和退休金，每年赡养费3万元；妻子父母有社会保险，有养老保险，每年赡养费2万元。

家庭每月生活费1.5万元（包括房租），有活期存款150万元，在一个公司做了一项300万元的长期投资，短期内无法收回；但每年可以分得红利15万元左右。

张先生的三口之家算是高收入家庭。夫妻二人正值事业上升期。职业生涯稳定，全年家庭预计结余60万元左右。张先生夫妇对未来生活开支想得很周到，希望每年一次旅游，供儿子上大学，留一笔做儿子将来结婚的准备金，尽快更换一辆好车。

对于张先生夫妇，他们近期的理财目标是这样制定的：

第一，合理投资使家庭资产稳步升值。

第二，完善孩子的教育金储备。

第三，完善保险，合理分配大病、身故和养老保险。如有商业养老保险是否还有必要办理社保？

第四，计划买房定居，在未来两年内购置一套北京四环以内的房产（160平方米左右）。

像张先生这样的高收入家庭，应该如何打理资金？

一、租房

某房地产中介公司最新调查数据显示，目前北京的楼市租售比已经达到1∶550，部分区域甚至达到1∶700，而郊区更有些地方出现1∶1000的高比例。在这种情况之下，租房也不失为一种可行的选择。再考虑到张先生夫妻二人的职业特性，作为工程师和律师，工作常辗转于各地之间，因此完全可以暂时放弃买房的考虑，在四环内租房，既满足工作需要，也可以满足生活便利的实际需求。

二、子女成长基金投资开始越早越好

张先生目前有一个儿子，未来不管在北京就读国际学校还是出国留学，预期的教育费用都不是一笔小数目。理财专家建议张先生用基金定投的方式为孩子做好教育金规划。

基金定投是引导投资人进行长期投资、平均投资成本的一种简单易行的投资方式，它可以通过分散投资，降低投资风险，并且可以获得长期复利的效果。该方式尤其适合孩子尚处于学龄前以及小学阶段的家长。孩子越小，参加定投越早，对达成预期目标越有利。

张先生正处于家庭成长期，因此张先生理财重点的优先顺序应为：子女教育规划＞资产增值管理＞应急基金＞特殊目标规划。

三、银行理财省力又省心

张先生家有一笔高达300万元的公司直接投资，预计每年分红15万元。张先生属于中庸偏保守型的投资者，稳定是其重要考虑因素，希望投资在保证本金安全的基础上有一些增值。以张先生目前的家庭财务状况和风险承受力，结合中国现有金融投资工具的收益和风险特性，可适当调整投资比例。

对于实体公司的直接投资，例如入股朋友公司，不论是否参与经营，风险较一般银行理财产品都要高出很多。除了要承担市场系统风险、经营风险、管理风险，还要承担相应的信用风险。从此笔投资年回报率5%来看，收益并不算高。如果后续公司没有业绩爆发潜力进而提高回报率的话，不如选择一个适当的时机退出。

张先生退出以后可以适当地考虑购买银行发售的信托理财工具，目前该类产品的市场报价年回报率平均水平在7%~9%。或是可以考虑投资阳光私募基金，可以获得更高的收益回报。理财不仅要考虑一项投资产品的预期收益，更重要的是从风险控制的角度来看，投资信托和基金的风险要远远小于投资小企业。

四、留出应急准备金

每个家庭需要可以快速变现的流动资产，较为理想的方式

四步走出理财"事倍功半"的困惑

"投资"和"理财"并非一回事

制订合理的理财计划

必须具备理财好习惯

将鸡蛋放在过多的篮子里并非好事

为银行活期存款，数额以家庭三个月的花销为宜。张先生一家留有 5 万元的应急准备金，正常生活和投资不会受到太大的影响。平时月结余可考虑用零存的方式参与到银行长、短期理财和基金投资中去。这里除了考虑风险收益，要特别关注资金的使用期限，兼顾流动性。另外，为了保证晚年收入锐减后生活开支的延续性，建议从现在就开始晚年准备金的准备事项，两人每年各准备3万元。

根据情况决定你的资产分配

"资产配置"的概念并非近代的产物，早在400年前就已经出现了。莎士比亚在《威尼斯商人》中就传达了"分散投资"的思想——在剧幕刚刚开场的时候，安东尼奥告诉他的老友，其实他并没有因为担心他的货物而忧愁："不，相信我；感谢我的命运，我的买卖的成败并不完全寄托在一艘船上，更不是倚赖着一处地方；我的全部财产，也不会因为这一年的盈亏而受到影响。"

资产配置其实就是指投资者根据个别的情况和投资目标，把资金分配在不同种类的资产上，如股票、债券、房地产及现金等，在获取理想回报之余，把风险减至最低。

我们的钱是分成三类的，一类是日常生活开销，像柴米油盐等生活要消费掉的钱，这个钱你肯定不能用来做风险投资。第二类是保命的钱，有一天，突然有一些应急的事，你要应对这些事情，可能要把它配置到保险上去，这个资金也是不能用来做风险投资的。第三类，即你可以用来投资的闲置资金。我们对这部分资产会进行一个配置，包括权益类资产，比如股票或股票式基金，固定收益类资产，包括债券、债券型基金、现金类资产、货币市场基金、存款，等等。比如，你希望达到每年15%的收益率，那么分解下来可能是：权益类资产占60%，回报为20%，固定收益类资产占30%，回报为8%，现金类产品占10%，回报为2%，算出来就是：

60%×20%+30%×8%+10%×2%=14.6%

每年综合回报率为14.6%，已经很高了，按照72法则，差不多5年资产就会翻一番。

作为一个理财概念，我们需要根据每个人投资计划的时限及可承受的风险来配置资产组合。你所有的资产投在不同的产品项下，每个产品有它固有的属性，有些产品属于收益比较好，波动性很高的，但是它往下也会波动。有些产品收益比较低，比如活期，或者定期存款。有些产品是随时能变现的，什么时候想用都行，当然收益率就会低。综合所有这些收益率，能符合你的具体情况的组合就是好组合。

作为普通投资者，要想达到自己理财的目的，将个人风险降到最低，重点在于把握资产配置。很多人认为，只有资产雄厚的人才需要进行资产配置，如果钱本来不多，索性赌一把，就无须再配置了。其实不然，资产配置的本意就是为了规避投资风险，在可接受风险范围内获取最高收益。其方法是通过确定投资组合中不同资产的类别及比例,以各种资产性质的不同,在相同的市场条件下可能会呈现截然不同的反应,而进行风险抵消,享受平均收益。比如,股票收益高,风险也高。债券收益不高,但较稳定。银行利息较低,但适当地储蓄能保证遇到意外时不愁资金周转。有了这样的组合,即使某项投资发生严重亏损,也不至于让自己陷入窘境。

那么在国际金融风暴冲击下,普通人该如何做好资产配置呢?

风险偏好是做好资产配置的首要前提,通过银行的风险测评系统,可以对不同客户的风险偏好及风险承受能力做个大致的预测,再结合投资者自身的家庭财务状况和未来目标等因素,为投资者配置理财产品——基金和保险等所占的比重,既科学又直观,在为投资者把握了投资机会的同时又可以降低投资的风险,可以说是为投资者起到了量身定制的效果。

如果已经通过风险测评系统做好了各项产品的占比配置,接下来就要在具体品种的选择上动一番脑筋了。因为同样的产品类型,细分到各个具体的产品上,投资表现往往有好有坏,有时甚至大相径庭,所以做好产品的"精挑细选"也是非常重要的一环。

在不同期限、不同币种、不同投资市场和不同风险层次的投资工具中,需要根据不同客户对产品配置的需求,更能达到合理分散风险、把握投资机会、财富保值增值的目标。

若以投资期限的不同来划分，可将资产配置划分为短期、中期和长期三种方式。短期产品以"超短期灵通快线"，七天滚动型、二十八天滚动型理财产品和货币基金为主；中期产品由"稳得利"理财产品及债券型基金、股票型基金组成；长期产品则以万能型、分红型保险，保本型基金居多。

若以风险程度的不同来划分，可将资产配置划分为保守型、稳健型、进取型三大类。保守型配置，由"灵通快线"系列理财产品、货币型基金、分红型保险等组成；稳健型配置，由"稳得利"理财产品、保本型基金、万能型保险等组成；进取型配置，由偏股型基金、混合型基金、投资连结型保险等组成。

若以投资币种和市场来划分，则有美元、澳元、欧元、港币等"安享回报"系列理财产品和QDII基金可供选择。

另外，作为资产配置的一部分，个人投资者也不应忽视黄金这一投资品种，无论是出于资产保值还是投资的目的，都可以将黄金作为资产配置的考虑对象。像工行的纸黄金、实物黄金和黄金回购业务的展开，也为广大投资者提供了一个很好的投资平台。

在如此众多的选择前提下，再配以理财师的专业眼光和科学分析，为投资者精选各种投资工具的具体品种，可以让你尽享资产配置的好处与优势。